Mémento des rois de France

Histoire Généalogie Chronologie

Claude Wenzler

Mémento des rois de France

Histoire Généalogie Chronologie

Éditions Ouest-France

Sommaire

Première partie

Les principes fondateurs de la monarchie française

Les règles de succession

De la mort de Clovis en 511 à l'abdication de Louis-Philippe en 1848, une France aux contours variables va être gouvernée pratiquement pendant plus de treize siècles par un monarque. Cependant, les formes de la monarchie vont se définir progressivement, et dans le domaine de la succession plus particulièrement.

A la mort de Clovis (511), la règle est celle du partage du territoire entre les différents héritiers mâles du souverain défunt, partage visant à assurer à chacun d'eux une égalité de ressources. Ce partage, on s'en doute, provoquait querelles et rivalités, entraînant aussi l'émiettement du royaume, que l'on continuait pourtant à nommer dans sa totalité « *regnum Francorum* », c'est-à-dire le « *royaume des Francs* ».

Puis, la coutume s'installe, par laquelle les chefs de guerre francs désignent le successeur du roi. Elle perdurera jusqu'à ce que Pépin le Bref, maire du Palais soutenu par le Saint-Siège, ne fasse déposer Childéric III pour s'emparer du pouvoir en 751. Elle sera de nouveau en vigueur de 888 à 987, les Grands soutenant les Robertiens Eudes, Robert Ier et Raoul de Bourgogne contre les Carolingiens.

Au Xe siècle, à nouveau, le principe de la transmission héréditaire de la royauté revient, au moyen d'une habileté politique qui consiste pour le souverain à associer son fils au pouvoir et à le faire couronner de son vivant. C'est ainsi que le royaume sera transmis

Partage du royaume des francs à la mort de Clotaire (561).

d'Hugues Capet à son fils Robert le Pieux en 987, quelques mois seulement séparant le couronnement du père de celui du fils.

Cette pratique associant père et fils au pouvoir, entérinée par une élection de principe par les Grands, se maintiendra jusqu'au XIIIe siècle, instaurant chez les Capétiens la continuité dynastique. L'autorité royale se trouvant ainsi solidement assurée par ses prédécesseurs, Philippe Auguste n'aura même plus besoin de recourir à cette coutume : c'est seulement après sa mort en

1223 que son fils Louis VIII montera sur le trône, car désormais le principe d'hérédité pure et simple est définitivement admis, au profit des seuls héritiers mâles, et en suivant l'ordre des naissances, selon la règle de « primogéniture » édictée au temps de Robert le Pieux. Les femmes, en vertu de la loi salique, sont écartées de la succession : elles perdent donc leur titre de « reine de France » après la mort du roi, ce qui, cependant, n'empêchera pas certaines d'entre elles de continuer à jouer un rôle politique primordial.

Le sacre

Le premier sacre royal fut celui de Pépin le Bref à Soissons en 752, renouvelé à Saint-Denis en 754 et qui confirmait l'alliance de l'Église et de la royauté, alliance scellée dès 496 par le baptême de Clovis. Ce sacre exprimait à l'origine la reconnaissance d'un roi par l'Église. A partir de Charles VII en 1429, il en va tout autrement : le roi est roi non plus en raison d'une quelconque élection mais en vertu du sacre lui-même. On voit donc là le rôle éminent de cette cérémonie qui révèle l'étroite relation entre l'Église et le pouvoir temporel.

Le sacre, inspiré par l'onction sainte donnée, ainsi que le mentionne la Bible, aux anciens rois hébreux Saül, David et Salomon, introduit donc dans le principe de la royauté une symbolique particulière. Il est conféré par l'onction faite avec le baume de la sainte ampoule qui, selon une légende apparue au VIIIe siècle, fut apportée du Ciel lors du baptême de Clovis par une colombe symbolisant le Saint-Esprit. Les vertus purificatrices et transcendantales de cette onction donnent au roi une aura divine et lui imposent en même temps certaines obligations. En le faisant roi, elles l'intègrent à la hiérarchie de l'Église : il en devient un serviteur à part entière, avec un rang assimilé à celui d'un diacre, d'un sous-diacre ou d'un chanoine. Ainsi le roi de France est-il chanoine d'un bon nombre de cathédrales (Lyon, Le Mans, Montpellier, Saint-Pol-de-Léon, Lodève...), avec pour mission de conduire son peuple vers Dieu.

A partir de Saint Louis, la cérémonie du sacre se codifie pour se dérouler selon l'« *ordo de Reims* », généralement un dimanche ou un jour de fête religieuse (Pentecôte, Assomption, Noël). Dans le chœur de la cathédrale, le roi, auparavant désigné par la coutume héréditaire et avec l'assentiment des Grands, s'engage d'abord solennellement vis-à-vis du clergé et de l'Église, du royaume et de la Couronne. Aussi utilise-t-on, jusqu'au XIIe siècle, le mot « *sacrement* » et non sacre, en référence aux serments (en latin : *sacramentum*) qu'il prononce. Puis le prélat consécrateur, généralement l'archevêque de Reims, considéré comme le successeur symbolique de saint Remi qui avait baptisé Clovis, procède au rite essentiel de la cérémonie en donnant l'onction au roi.

Pour ce geste hautement symbolique, la sainte ampoule a d'abord été cérémonieusement ramenée jusqu'à la cathédrale par l'abbé et les moines du monastère de

Saint-Remi qui en assuraient pieusement la garde. L'archevêque y a prélevé avec une aiguille d'or le baume solidifié pour le mélanger au chrême des consécrations épiscopales. Il peut alors en oindre la tête du roi, la jointure de ses bras, ses mains, sa poitrine, ses épaules et son dos. Cette huile miraculeuse servit au sacre de tous les rois de France de 496 à 1825, exception faite pour Henri IV qui, en raison de circonstances particulières, fut sacré à Chartres en 1594 avec l'huile de l'ampoule de Marmoutier, habituellement réservée à l'onction des ducs d'Aquitaine.

Puis le roi reçoit les *regalia*, c'est-à-dire les attributs de sa dignité qui, en temps ordinaire, sont conservés à l'abbaye de Saint-Denis : la couronne, utilisée pour la première fois lors du sacre de Charlemagne ; l'épée, dite « *de Charlemagne* » ou « *Joyeuse* », emblème de sa puissance militaire ; le sceptre et la main de justice, le premier symbolisant le commandement et la seconde la bénédiction ou l'absolution des fautes ; l'anneau, scellant le mariage du roi avec son royaume ; les éperons d'or dits « *de Charlemagne* », signe de l'autorité du roi sur l'ensemble du royaume où il peut se déplacer rapidement.

A la fin de la cérémonie, le nouveau roi « *touchait les écrouelles* » (inflammations des ganglions lymphatiques d'origine tuberculeuse). Pour ce prodige dont l'origine remonte à la fin du Xᵉ siècle (Robert II le Pieux aurait été le premier à l'accomplir), il effleure de la main plaies, abcès ou tumeurs de ceux qui en sont affectés, puis fait le signe de la croix en prononçant la formule rituelle : « *Le roi te touche et Dieu te guérit.* » Louis XVI toucha ainsi quelque deux mille quatre cents scrofuleux le lendemain de son sacre. Pour sa part, Charles X, dernier roi à se plier à cette coutume en 1825, toucha près de cent trente malades dont cinq auraient guéri.

Reims, la ville du sacre

La tradition du sacre à Reims trouve son origine dans le baptême de Clovis, à la Noël 496, par saint Remi. Evêque gallo-romain issu d'une famille sénatoriale, mort vers 533 et inhumé en dehors des murs de la cité, dans la chapelle Saint-Christophe, sa dépouille opéra très vite des miracles. La vénération populaire que ceux-ci firent naître transforma la chapelle primitive en monastère bénédictin rattaché à l'archevêché de Reims, tandis que le saint entrait dans la légende. Au IXe siècle, l'archevêque de Reims Hincmar (845-882) décrivit le baptême de Clovis comme un véritable sacre, avec l'apparition miraculeuse du Saint-Esprit sous la forme d'une colombe apportant à l'évêque Remi le saint chrême. De ce récit merveilleux naquit le rituel du sacre, associant étroitement Reims et la royauté et faisant du roi le lien privilégié entre le sacré et le profane.

Sens et Saint-Denis resteront bien encore quelque temps le sanctuaire privilégié des Robertiens et des premiers Capétiens, mais Reims finira cependant par les supplanter au tout début du XIe siècle. C'est donc dans la cathédrale champenoise que tous les rois, d'Henri Ier vers 1031 jusqu'à Charles X en 1825, recevront l'onction sacrale. Seules exceptions : Louis VI et Henri IV, contraints par les événements à se faire sacrer le premier à Orléans et le second à Chartres. Louis XVIII, enfin, renonça tout simplement au sacre.

Epouses, reines et favorites

Accordant la prééminence aux rois, l'histoire de France s'est montrée plus discrète avec leurs épouses. Certaines néanmoins, comme Clotilde, Aliénor d'Aquitaine, Catherine de Médicis, Anne d'Autriche ont pu participer à la royauté de leur mari ou de leur fils, jouant parfois même un rôle politique déterminant. Mais, pour chacune d'elles, ce fut soit dans l'ombre, soit en qualité de régente, à la faveur d'une incapacité provisoire du roi ou de son héritier (campagne militaire, captivité, maladie, minorité...). Ainsi Blanche de Castille devint-elle régente du royaume lors de la minorité de son fils Saint Louis, Isabeau de Bavière lors de la « folie » de son époux Charles VI, Catherine de Médicis durant la minorité de ses fils François II et Charles IX... Inutile de préciser que ces femmes devaient montrer de grandes qualités personnelles et un fort tempérament pour accéder en personne à cette royauté dont elles étaient habituellement exclues.

Cette exclusion connaît différentes justifications liées aux mœurs et aux croyances du temps. Outre la coutume et un droit alors établi comme naturel subor-

Catherine de Médicis.
Château de Chaumont-sur-Loire.
Photo Hervé Champollion.

donnant la femme à l'homme, deux facteurs expliquent l'attachement de la royauté française au principe de la masculinité. En premier lieu, la loi salique, qui disposait d'un article refusant aux femmes l'héritage de la « terre salique », autrement dit de la propriété foncière, notion abusivement étendue au domaine royal et au trône. En second lieu, la cérémonie du sacre qui, nous l'avons vu, donnait au roi, outre ses fonctions temporelles, des fonctions spirituelles dont l'exercice était interdit aux femmes. Et lorsque la reine était couronnée et sacrée, seule ou avec son époux, c'était selon une symbolique et un rituel différents, qui, en fait, lui permettaient certes un partage des honneurs dus au roi mais ne l'associait pas à son autorité et à ses obligations.

On comprendra mieux ces pratiques de succession en songeant que, longtemps, l'infériorité de la femme fut admise de tous et de l'Église en premier lieu qui, jusqu'au concile de Trente (1545-1563), considéra que celle-ci n'avait pas d'âme. L'affirmation « *mulier tota in utero* » (la femme est tout entière dans son utérus) indiquait assez quel était le rôle principal des femmes, et donc de la femme du roi : assurer la descendance.

Le mariage d'un roi, comme celui de tout membre de sa famille d'ailleurs, était rarement commandé par l'amour mais le plus souvent par des nécessités politiques ou des visées territoriales. Ainsi par exemple, la reine mère Anne d'Autriche négocie-t-elle le mariage de son fils Louis XIV avec Marie-Thérèse d'Autriche, fille du roi Philippe IV, pour sceller une paix durable avec l'Espagne. Et si le mariage de Louis VII avec Aliénor d'Aquitaine permet au roi d'intégrer dans son domaine la plus grande partie du sud-ouest de la France, il donne aussi un allié prestigieux à Guillaume X, père de la mariée...

Le mariage du roi étant généralement imposé par la raison d'État, celui-ci est souvent amené à compenser le vide ou la pauvreté de sa vie sentimentale dans des aventures ou des relations extra-conjuguales. Pendant une grande partie du Moyen Age, les maîtresses royales restent plutôt discrètes et l'Histoire ne retient guère leurs noms : qui se souvient d'Odette de Champdivers, favorite de Charles VI ? Mais le développement de la Cour, dès la fin du XVe siècle, rend publique cette pratique et l'érige assez vite en une tradition qui n'offusque personne, hormis chez les gens d'Église et les dévots. Et Charles VII, premier roi à imposer officiellement à la Cour sa maîtresse en titre, Agnès Sorel, sera imité par la plupart de ses successeurs, de François Ier jusqu'à Louis XV.

Si les favorites se sont souvent intéressées aux arts, engageant peintres, architectes, musiciens et poètes, elles ont aussi parfois exercé une influence déterminante, bénéfique ou négative, dans la politique royale. On sait que la persécution que Henri II dirigea contre les huguenots sera inspirée par Diane de Poitiers, que la conversion d'Henri IV devra beaucoup à Gabrielle d'Estrées et que la diplomatie de Louis XV sera dirigée par Madame de Pompadour. Ce pouvoir, bien sûr, entraîne l'ascension extrêmement rapide des favorites : François Ier, par exemple, donne d'importantes seigneuries à Françoise de Châteaubriant et le titre de duchesse d'Etampes à Anne de Pisseleu. Ces femmes partagent les largesses royales avec leurs familles ou amis, tandis que les enfants qu'elles donnent au roi font de prestigieux mariages. Parfois, ces favorites se retrouvent aussi au cœur de rivalités politiques, prêtes à servir les ambitions de tel ou tel parti quand elles n'intriguent pas elles-mêmes, comme la Du Barry, à l'origine du complot qui conduisit Choiseul à la disgrâce.

La loi salique

Comme beaucoup de sociétés barbares, les Francs Saliens s'étaient dotés d'un code de procédure judiciaire et pénale, appelée « *Lex Salica* », c'est-à-dire « *loi salique* ». Consistant pour l'essentiel en un tableau d'amendes punissant les délits et les crimes, cette loi, d'abord coutumière et orale, fut rédigée vers 510. Elle comportait un article excluant les femmes de l'héritage de la « terre salique », qui, au cours des siècles, sera abusivement invoqué pour les écarter de la succession du royaume : tout au plus pourront-elles le gouverner après la mort du roi lorsqu'elles assureront la régence durant la minorité de l'héritier mâle, dont la majorité est fixée, par la même loi salique, à 14 ans.
Cette pratique écartant les femmes de la Couronne ne posait aucun problème lorsque le roi défunt avait un fils, la succession se faisant automatiquement. La situation était plus délicate lorsque le roi mourait sans descendance mâle, ce qui fut le cas pour la première fois en 1316, lorsque mourut Louis X le Hutin, laissant une fille et un fils posthume qui ne survécut que quatre

jours. De même en 1322, Philippe V mourut sans descendance mâle et en 1328, Charles IV décéda sans héritier, laissant le trône convoité par le roi d'Angleterre Edouard III, petit-fils par sa mère de Philippe le Bel. Plus tard, en 1589, après la disparition du dernier Valois, Henri III, le trône est à nouveau vacant et Philippe II d'Espagne tente d'évincer Henri IV en imposant sa fille, née de son mariage avec Elisabeth de France, fille d'Henri II.

En chacune de ces circonstances, nobles, ecclésiastiques, bourgeois et juristes défendront pour la couronne de France le principe de la masculinité et de la nationalité, au détriment des femmes et des étrangers, faisant de la « *Lex Salica* » l'une des lois fondamentales de la royauté.

Deuxième partie

Les dynasties, les rois et reines de France

Les Francs et les Mérovingiens

Les Francs

C'est au milieu du IIIe siècle après Jésus-Christ que les Francs entrent dans l'Histoire : leur existence est signalée à plusieurs reprises, à partir de 258, à propos d'événements qui les opposent régulièrement aux Romains sur la rive droite du Rhin. Redoutables guerriers, ils ne présentent toutefois pas, jusqu'au IVe siècle, un front politique uni car ils sont partagés en plusieurs groupes tribaux. Deux d'entre eux se distinguent plus particulièrement : celui des Francs Saliens et celui des Francs du Rhin.

Les Francs Saliens constituent le groupe le plus important. Installés par l'empereur Julien comme auxiliaires des armées romaines depuis 358 dans ce qui correspond à la Belgique actuelle, ils occupent Tournai et Cambrai en 430. Vers 447, leur chef Clodion obtient d'Aetius, gouverneur de la Gaule, le statut de « fédéré ». L'Empire lui reconnaît alors un territoire autonome autour de Tournai, à charge pour lui de protéger ce secteur contre les autres Barbares : cette alliance est donc une sage précaution à un moment où Attila menace d'envahir la Gaule romaine. Les Francs Saliens disposent de leur propre code de loi, la fameuse « *Lex Salica* », dont nous avons vu qu'elle deviendra l'un des fondements de la royauté française.

D'autres Francs forment un second groupe, moins cohérent, établi sur la rive droite du Rhin, entre Cologne et Mayence. Ils franchissent le fleuve en 410, 423,

Tableau généalogique des Francs et des Mérovingiens

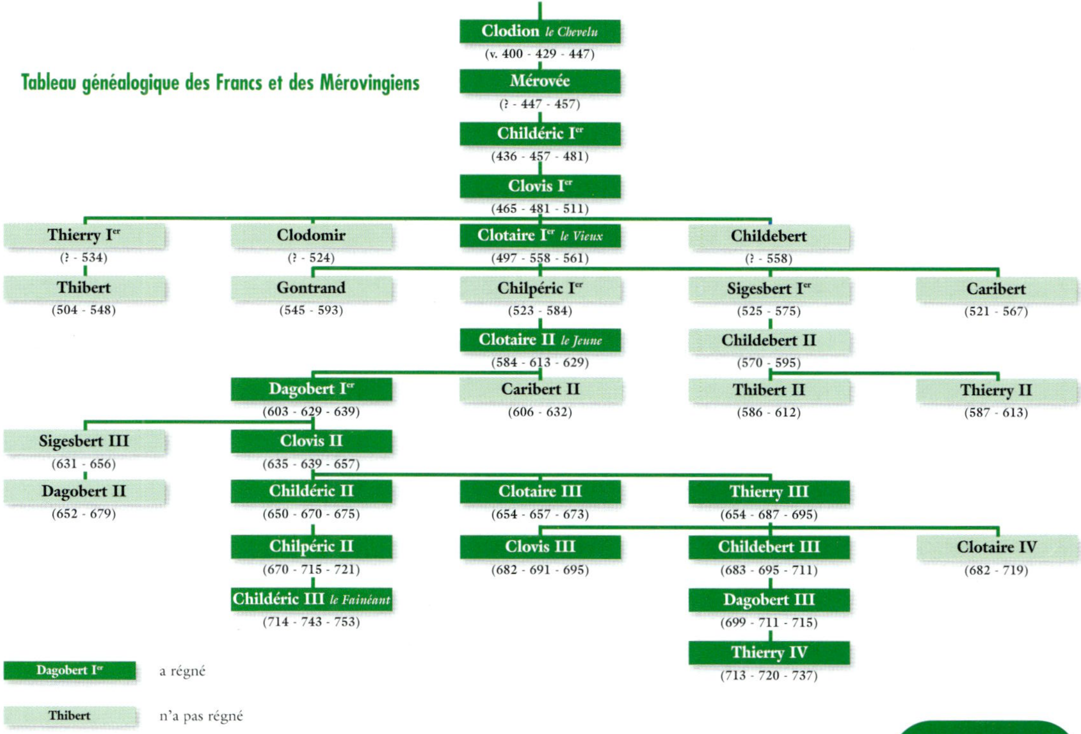

430, 440, puis occupent définitivement la vallée de la Moselle en 454, après la mort d'Aetius. On leur donnera au VIIIe siècle le nom de « Francs Ripuaires ».
La conquête de la Gaule par les Francs s'effectue d'abord imperceptiblement. D'une part, des Francs, essentiellement des prisonniers, sont engagés par Rome pour coloniser les campagnes gauloises, qu'ils imprègnent peu à peu de leur culture. D'autre part, dès la fin du IIIe siècle, des soldats francs sont enrôlés dans les légions romaines, d'abord dans les corps auxiliaires puis dans les armées de campagnes. Ce faisant, ils se familiarisent avec les modes de gouvernement et d'administration de l'Empire. Certains d'entre eux deviennent même officiers supérieurs, tel Mérobaud, nommé « *Magister Peditum* », c'est-à-dire général, par l'empereur Valentinien en 375.
Mais l'autorité romaine s'affaiblit après les invasions barbares de 406 et les Francs étendent progressivement leur domination : Clodion, de qui descendent les Mérovingiens, conquiert le nord de la Gaule jusqu'à la Somme, après s'être emparé de Cambrai (vers 430-440), tandis que, pour leur part, les Francs du Rhin occupent l'actuelle Rhénanie. Et l'avance des Francs se poursuit lentement jusqu'à ce qu'un chef émerge de leur rang : c'est Clovis, qui soumettra la totalité des tribus gauloises.

La dynastie mérovingienne

Cette dynastie remonte à Pharamond, chef franc mort en 428 et ascendant lointain de Clovis. Elle apparaît dans l'Histoire avec Clodion dit le Chevelu, devenu

roi de Cambrai après s'être emparé du nord de la Gaule (vers 430-440), puis avec Mérovée qui, participant avec le général romain Aetius à la défaite d'Attila aux Champs Catalauniques (451), donnera son nom à la première dynastie des rois de France.
Pour autant, on a coutume d'attribuer la fondation de la dynastie à Clovis Ier, fils de Childéric Ier, en raison de l'énergie qu'il sut déployer afin d'unir les différents peuples francs et les maintenir sous sa domination. Son habileté politique était grande : il la montra, pressé par son épouse Clotilde, en se faisant baptiser avec trois mille de ses soldats à Reims en 496. Ainsi, seul roi barbare de religion chrétienne, Clovis sera désormais mieux accepté par des populations chez qui le christianisme progressait et pourra compter sur le soutien de l'Église.
Régnant d'abord sur les Francs Saliens, les Mérovingiens étendent leur suprématie à l'ensemble de la Gaule, à partir de l'avènement de Clovis en 482. Ils y implantent une civilisation nouvelle, synthèse d'éléments franciques, germaniques, romains, gaulois et chrétiens. Et la domination de cette dynastie, autrefois appelée « *première race* », se maintiendra en Gaule jusqu'à la prise du pouvoir par Pépin le Bref en 751, soit pendant plus de trois siècles.
A la mort de Clovis en 511, ses conquêtes sont partagées entre ses quatre fils, Thierry Ier, Clodomir, Childebert Ier et Clotaire Ier, qui poursuivent sa politique d'expansion en annexant le royaume burgonde (534) et en gagnant la Provence (537). Surmontant les riva-

lités, échappant aux assassinats et profitant de morts naturelles, l'un d'eux, Clotaire, rétablit l'unité du « *regnum Francorum* » en 558, mais pour peu de temps seulement puisque son décès en 561 provoque un nouveau morcellement du royaume entre ses fils : Caribert devient roi de Paris (561 à 567), Gontrand roi de Bourgogne (561 à 593), Sigebert reçoit l'Austrasie, c'est-à-dire l'est de la France actuelle (561 à 575) et Chilpéric Ier le royaume de Soissons (561 à 584). Ce partage déchaîne de nouvelles rivalités et des conflits sanglants.

Si Dagobert, roi de 629 à 639, parvient à rétablir une souveraineté forte et stable, ses fils Sigebert III, roi d'Austrasie et Clovis II, roi de Bourgogne et de Neustrie (nord de la France) se déchirent à leur tour. Les grands dignitaires du royaume et, en particulier, les maires du Palais (qui sont, à l'origine, des majordomes chargés de la gestion de la maison royale) en profitent pour s'approprier la réalité du pouvoir.

Une dynastie de maires s'impose plus particulièrement à partir de 679, celle des Pippinides : Pépin le Jeune ou d'Héristal (v. 640-714), Charles Martel (v. 685-741) et son fils Pépin le Bref (715-768), prenant le titre de « *dux et princeps Francorum* » ou *duc de France*, dirigent ainsi l'ensemble du « *regnum Francorum* ». Ils y affirment leur propre autorité au détriment des derniers Mérovingiens Clovis II, Clovis III, Childebert III, Dagobert III, Chilpéric II, Clotaire IV et Thierry IV, rois souvent apathiques et dits « fainéants », qu'ils maintiennent sur le trône pour mieux

les forcer à l'immobilisme. Ainsi, si la dynastie des Mérovingiens règne, c'est celle des Pippinides qui gouverne de fait.
Enfin, avec l'accord du pape Zacharie, Pépin le Bref dépose le dernier roi mérovingien Childéric III et le relègue dans un monastère. Puis, proclamé roi par les Grands, il s'empare du titre royal en 751. Son sacre à Soissons par Boniface, archevêque de Mayence en 752, renouvelé à Saint-Denis en 754 par le pape Etienne II, est le premier sacre de l'histoire des Francs. Il donne naissance à la dynastie carolingienne qui régnera jusqu'à l'avènement d'Hugues Capet en 987.

Les rois francs

> 429
Clodion (ou Chlodion) le Chevelu

(Vers 400 - 447)
Chef franc devenu roi de Cambrai après s'être emparé du nord de la Gaule (vers 430-440), il règne sur les Francs Saliens de 429 jusqu'à sa mort en 447.

> 447
Mérovée (ou Mérowig, Mérovech)

(? - 457)
Fils présumé de Clodion, il lui succède à partir de 447. Avec le général romain Aetius, il combat Attila qui avait envahi la Gaule, sous le prétexte de récupérer ses vassaux wisigoths échappés d'Ukraine sans sa permission pour s'installer en Aquitaine et en Espagne. Repoussés

jusqu'aux Champs Catalauniques (Châlons-en-Champagne), le roi des Huns, surnommé le « *Fléau de Dieu* » par l'évêque Grégoire de Tours (538-594), et ses redoutables cavaliers nomades sont conduits à la défaite en 451 à Moirey (Aube).

> 457
Childéric Ier

(436 - Tournai 481)

Dernier roi païen, il succède à son père Mérovée en 457. Aux côtés du général romain Aegidius, il repousse en 463 les Wisigoths d'Aquitaine qui étaient remontés jusqu'à la Loire.

EPOUSE :

BASINE DE THURINGE

(? - ?)

Fille du roi de Thuringe, elle épouse Childéric Ier en 463 et donne naissance à quatre enfants, dont Clovis.

Les rois mérovingiens

> 481
Clovis (ou Chlodovech)

(Tournai 465 - Paris 27-11-511)

Fils de Childéric Ier et de Basine, Clovis (ou Chlodovech, latinisé « Chlodovechus », puis Ludovicus, Louis) n'est roi, à son avènement, que d'un territoire modeste délimité par la mer du Nord, l'Escaut, la Meuse et la Somme, avec Tournai pour capitale. Mais ses ambi-

Clovis 1er

Château de Versailles. Photo RMN - Gérard Blot.

tions sont telles qu'à la fin de son règne, il a constitué un empire dont les frontières débordent largement celles de la France actuelle.
Il bat à Soissons, en 486, le général romain Syagrius qui commandait les troupes romaines en Gaule. L'évêque Grégoire de Tours (538-594) relate, à l'occasion de cette victoire, la légendaire histoire du vase dit « de Soissons » : après avoir pillé la ville, les guerriers francs s'apprêtent, suivant leur coutume, à se partager le butin par tirage au sort. Clovis demande alors qu'on lui réserve un splendide vase qu'il a reconnu comme appartenant à l'évêque de Soissons. Son intention est évidemment politique : il souhaite restituer le précieux objet à son propriétaire et, ainsi, s'attacher le soutien de l'Église. Mais l'un des Francs, furieux que la coutume ne soit pas respectée, brise le vase d'un coup d'épée... Près d'une année plus tard, alors que Clovis passe ses troupes en revue, il reconnaît le guerrier rebelle, lui reproche la mauvaise tenue de ses armes et jette sa francisque au sol. Tandis que le soldat se penche pour la ramasser, Clovis lui fracasse le crâne de son épée en s'écriant : « *Ainsi as-tu fait du vase de Soissons !* » Cette « justice », fondée sur la loi du talion, certes expéditive et violente, était tout à fait conforme aux coutumes franques de l'époque.
Au-delà de la légende, cette victoire sera décisive, livrant à Clovis, soit par conquête, soit par capitulation, tout le pays au nord de la Loire. Il combattra ensuite les Alamans près de Cologne à Tolbiac, en 496, puis vaincra le roi des Burgondes Gontebaud en 500, à

Ouche près de Dijon, et le roi des Wisigoths Alaric II, en 507, à Vouillé, annexera les territoires des Francs Ripuaires en 509... A sa mort, la quasi-totalité des tribus gauloises, à l'exception de celles du bassin rhodanien et des régions méditerranéennes, sera ainsi rangée sous son autorité.

La conversion de Clovis à la religion chrétienne constitue l'événement politique majeur de son règne. Cette conversion est passée dans la légende. En 496, alors qu'ils tentaient à Tolbiac de repousser les Alamans qui menaçaient les frontières à l'est du royaume, les Francs étaient tout près d'être défaits, malgré les multiples prières que le roi adressait à ses dieux. Désespéré, il invoqua le Dieu des chrétiens et de son épouse Clotilde, qui le pressait depuis longtemps de se convertir, et promit de se faire baptiser s'il obtenait la victoire. La situation se renversa alors, les tribus germaniques se replièrent et leur roi fut tué. Respectant son engagement, Clovis adopta la religion de son épouse : à la Noël 496, il se fit baptiser à Reims, ainsi que trois mille de ses guerriers, par celui qui deviendra saint Remi...

Aussi sincère fut-elle, cette conversion était aussi un acte politique habile : désormais, Clovis pourra compter sur le soutien des populations gallo-romaines, dont la plus grande partie était déjà catholique, ainsi que sur celui de l'Église. Conscient de l'appui que celle-ci pouvait pour structurer les différents territoires qu'il venait de réunifier, il convoquera en 511 un concile à Orléans afin d'en conforter durablement l'organisation. Cette entente de l'Église et du pouvoir, qui perdurera quelque quatorze siècles, fera d'ailleurs considérer Clovis, qui l'a initiée, comme le véritable fondateur de la monarchie française. A sa mort, suivant la loi franque de la succession, son royaume, dont il a fixé la capitale à Paris, sera partagé entre ses quatre fils : Théodoric ou Thierry Ier (486-534) reçoit Reims et l'Auvergne, Clodomir (495-524) Orléans, Childebert Ier (v. 497-558) Paris et Clotaire Ier (v. 497-561) Soissons et la Neustrie.

EPOUSE :

CLOTILDE (OU CHROTECHILDIS)

(475 - Tours 547)

Fille du roi burgonde Chilpéric II, élevée dans le catholicisme, elle épouse Clovis en 492 et donne naissance à six enfants dont Clotaire Ier. Elle meurt au monastère Saint-Martin de Tours et sera canonisée par le pape Pélage II.

> 558

Clotaire Ier (ou Chlothachar) le Vieux

(497 - Compiègne 29-11-561)

Dernier fils de Clovis, il reçoit en héritage Cambrai, Arras, Tournai et Laon et s'installe à Soissons. Il devra reconquérir les territoires de ses frères, Thierry Ier, Clodomir, Childebert Ier. En 524, il profite de l'assassinat de Clodomir, roi d'Orléans, par les Burgondes, pour épouser sa belle-sœur Gondioque et récupérer l'Orléanais. En 543, il devient maître d'une bonne partie du royaume burgonde dont il a fait la conquête avec son neveu Thibert Ier et son frère Childebert Ier. La mort du fils de

Thibert Ier en 555 lui permet d'ajouter l'Austrasie à son royaume, celle de Childebert Ier en 558 lui donne Paris. Clotaire devient donc le seul roi d'un royaume réunifié provisoirement puisque sa mort (561) entraînera un nouveau partage entre ses quatre fils : Paris est alors attribué à Caribert Ier (521-567), Orléans et la Bourgogne à Gontran (525-592), l'Austrasie à Sigebert Ier (535-575), Soissons et la Neustrie à Chilpéric Ier (539-584).

Epouses :

Ingonde (ou Ingondis)

(? - ?)

Elle épouse Clotaire Ier vers 517.

Gondioque (ou Gontheuque)

(? - ?)

Veuve de Clodomir, frère de Clotaire Ier, elle épouse ce dernier vers 524.

Radegonde (ou Radegundis)

(Thuringe 519 - Poitiers 587)

Fille de Bertaire, roi de Thuringe, elle épouse Clotaire Ier en 531. Elle fonde le monastère Sainte-Croix à Poitiers.

Ingonde

(? - ?)

Elle devient quatrième épouse de Clotaire Ier vers 532.

Arégonde (ou Arnegundis)

(? - ?)

Sœur d'Ingonde, elle est connue comme cinquième épouse de Clotaire Ier.

Chunsène (ou Chunsina)
(? - ?)
Elle est connue comme sixième épouse de Clotaire Ier.

Vultrade (ou Waldrada, Waldrade)
(? - ?)
Fille de Wacho, roi des Lombards, elle est connue comme septième épouse de Clotaire Ier.

> 613
Clotaire II (ou Chlothachar) le Jeune

(18-10-584 - 4-1-629)
Fils du roi de Neustrie Chilpéric Ier (523-584) et de Frédegonde, il parvient à réunifier le royaume franc en 613 et en devient roi. Sous son règne, les maires du Palais et l'aristocratie terrienne exercent une influence grandissante. Il fait reconnaître son fils Dagobert comme roi d'Austrasie en 622 et meurt sept ans plus tard.

Epouses :
Haldetrude (ou Adaltrude)
(? - ?)
Elle est connue comme première épouse de Clotaire II.

Bertrude (ou Bertrade, Berthe, Bérétrude, Bertrada)
(? - 620)

Elle est connue comme deuxième épouse de Clotaire II et donne naissance à Dagobert Ier.

Sichilde (ou Sicheut)
(? - ?)
Elle devient la troisième épouse de Clotaire II en 618.

> 629
Dagobert Ier

(603 - Saint-Denis nov. 639)
Fils de Clotaire II et de Bertrude, il est nommé roi d'Austrasie vers 623, du vivant de son père, sous la tutelle de Pépin le Vieux (ou l'Ancien) de Landen (v. 580-640), maire du Palais et de qui descend la dynastie des Carolingiens.

Il saura s'affranchir de la tutelle du Palais pour imposer rapidement sa propre autorité. Devenu l'unique roi des Francs en 629 après s'être emparé de la Bourgogne et de la Neustrie, il devient l'un des rares Mérovingiens à régner sans partage, mais il a la sagesse de s'entourer de conseillers éclairés comme l'évêque de Rouen saint Ouen (v. 610-v. 684) et l'évêque de Noyon saint Eloi (v. 588-660), avec qui il développe le commerce, perfectionne la justice, fonde des abbayes et renforce l'autorité royale. Son prestige personnel lui permet d'obtenir la soumission absolue de son royaume, d'intervenir dans le royaume wisigoth d'Espagne, d'entretenir des relations avec Byzance et l'empire d'Orient.

Dagobert Ier, dernier grand roi mérovingien, se fera inhumer dans l'abbatiale de Saint-Denis : vouant un

Dagobert Ier.
Château de Versailles. Photo RMN

véritable culte à la mémoire du premier évêque de Paris au IIIe siècle, Denis, décapité par les païens tandis qu'il évangélisait les Parisiens, Dagobert avait fondé l'abbaye qu'il lui dédia et qu'il combla de largesses (domaines, privilèges fiscaux...).

EPOUSES :

GOMOTRUDE (OU GOMATRUDE, GOMÉTRUDE, GOMATRUDIS)

(? - ?)

Elle épouse Dagobert Ier en 626 et est répudiée en 629.

NANTILDE (OU NANTECHILDE, NANTECHILDIS, NANTHILDIS)

(610 - 642)

Elle épouse Dagobert Ier en 629 et donne naissance à Clovis II.

RAGNÉTRUDE (OU RAINTRUDE, RAGNETRUDIS, RAGENTRUDE)

(? - ?)

Elle épouse Dagobert Ier en 630.

VULFÉGONDE

(? - ?)

Elle est connue comme épouse de Dagobert Ier.

BERTHILDE

(? - ?)

Elle est connue comme épouse de Dagobert Ier.

> 639

Clovis II (ou Chlodovech) le Fainéant

(Oct. 635 - nov. 657)

Fils de Dagobert Ier et de Nanthilde, il devient roi alors qu'il est enfant. Aussi le pouvoir est-il détenu par sa mère et par le maire du Palais, Grimoald (?-662). Et même s'il parvient à devenir roi de la totalité du pays en 657 (l'année de sa mort), son autorité n'aura été que fictive. Son règne court est marqué par l'abandon du gouvernement aux maires, amorçant le début de la déchéance des Carolingiens. Aussi sera-il considéré comme l'un des premiers « rois fainéants ».

EPOUSE :

BATHILDE (OU BATHILDIS, BALDECHILDIS)

(? - Chelles 680)

Elle n'était, à l'origine, qu'une simple esclave d'Erchinoald, maire du Palais de Neustrie, que ce dernier offrit à Clovis II pour s'attirer les faveurs royales. Séduit, Clovis II l'épousera en 651. Elle donnera naissance à Clotaire III, Childéric II et Thierry III. A la mort de son époux, elle devient régente de Neustrie pour son fils Clotaire III. Pour l'éloigner du pouvoir, le maire du Palais Ebroïn (?-681) la reléguera à l'abbaye de Chelles où elle mourra.

> 657

Clotaire III (ou Chlothachar)

(654 - 9-5-673)

Premier fils de Clovis II et de Bathilde, d'abord roi d'Austrasie, il hérite des autres royaumes francs en 657. Mais il laisse le maire du Palais gouverner.

> 670

Childéric II

(650 - 675)

Deuxième fils de Clovis II et de Bathilde, frère de Clotaire III, il règne d'abord sous la tutelle de

Himnechilde, veuve de Sigebert III (frère de Clovis II) puis il laisse, lui aussi, gouverner à sa place le maire du Palais, Wulfoald. Il sera assassiné avec son épouse au cours d'une chasse en forêt de Brotonne, près de Rouen.

EPOUSE :

BILICHILDE (OU BILICHILDIS, BILTHILDIS)

(? - 675)

Fille de Sigebert II, elle épouse en 668 Childéric II. Elle meurt, assassinée avec son mari, en forêt de Brotonne.

> 687

Thierry III (ou Théodoric)

(654 - Saint-Vast d'Arras janvier 695)

Troisième fils de Clovis II et de Bathilde et donc frère de Clotaire III et de Childéric II, il est d'abord écarté du trône, tonsuré et cloîtré au monastère de Saint-Denis. Il voit son existence troublée par des luttes intestines pour le pouvoir. Au cours de ces rivalités interviennent fréquemment les maires du Palais dont Pépin le Jeune ou de Herstal (v. 640-714), petit-fils de Pépin le Vieux. Prenant le titre de *dux et princeps Francorum*, Pépin le Jeune affirme son propre pouvoir, contrôlant peu à peu, avec sa famille, la totalité du royaume.

EPOUSE :

CLOTILDE (OU DODA, ROTHILDE, CHROTHECHILDIS, CHROTHILDIS)

(? - 699)

Elle épouse Thierry III en 675 et donne naissance à Clovis III et à Childebert III.

> 691
Clovis III (ou Chlodovechou)

(682 - près de Compiègne 695)
Fils de Thierry III et de Clotilde, il subit la forte tutelle du maire du Palais Pépin le Jeune ou de Herstal (v. 640-714), petit-fils de Pépin le Vieux, qui détient en fait le pouvoir et dirige le royaume. Il meurt sans postérité.

Epouse :
Tanaquille
(? - 696)
Elle est connue comme épouse de Clovis III.

> 695
Childebert III

(683 - près de Compiègne 14-4-711)
Fils de Thierry III et de Clotilde, frère de Clovis IV, il est dominé par le maire du Palais Pépin le Jeune ou de Herstal (v. 640-714), petit-fils de Pépin le Vieux, entre les mains duquel il abandonne tout son pouvoir. Il est l'image même du « *roi fainéant* ».

Epouse :
Edonne
(? - ?)
Elle est connue comme épouse de Childebert III.

> 711
Dagobert III
(699 - 31-12-715)

Fils de Childebert III, il accède très jeune au trône, si bien que Pépin le Jeune ou de Herstal (v. 640-714), petit-fils de Pépin le Vieux, gouverne en son nom.

> 715
Chilpéric II
(670 - Noyon 13-2-721)

Fils de Childéric II et de Bilichide, il est d'abord protégé par son maire du Palais, Charles Martel (v. 685-741), fils de Pépin le Jeune, qui l'abandonnera pour faire reconnaître comme roi contre lui Clotaire IV, fils présumé de Thierry III.

> 720
Thierry IV (ou Théodoric) de Chelles
(713 - 737)

Fils de Dagobert III, Thierry IV avait été extrait de l'abbaye de Chelles, où il était élevé, par le maire du Palais Charles Martel (v. 685-741), fils de Pépin le Jeune, qui le place sur le trône. Mais en fait, le roi ne gouvernera pas réellement, Charles Martel s'accaparant tout le pouvoir politique.
Le maire s'avère d'ailleurs un redoutable guerrier : en 718-720, il ravage le pays des Saxons ; en 719, il bat les Frisons ; en 725-728, il soumet les Bavarois ; en 730, il est victorieux des Alamans.

En 732, il rejoint le duc Eudes d'Aquitaine pour repousser les Arabes qui menacent le royaume franc et plus particulièrement le très important monastère de Saint-Martin de Tours. Charles Martel livre alors un combat légendaire contre les troupes d'Abd al-Rahman, général arabe et gouverneur d'Espagne. La bataille fait, selon la légende, 375 000 morts chez les Arabes et met durablement fin à leurs incursions dans le royaume franc. Après cette victoire, Charles apparaît comme le sauveur du monde chrétien. Il renoue d'ailleurs les relations avec la papauté menacée par les Lombards et s'engage à la protéger militairement.

Malgré ses succès, Charles Martel n'ose pas s'emparer du trône laissé vacant par la mort du roi en 737 ; il ne cherche pas d'avantage à lui trouver un successeur. Sans autre titre que celui de « *dux et princeps Francorum* », il s'affiche comme le seul maître du royaume et, à sa mort, ses deux fils Pépin le Bref (715-768) et Carloman (715-754) lui succèdent, le premier gouvernant l'ouest et le sud du royaume, le second l'est.

> 743
Childéric III le Fainéant

(714 - Saint-Bertin près de Saint-Omer 753)

Fils de Chilpéric II, choisi par le maire du Palais Charles Martel (v. 685-741) pour succéder à Thierry IV, il est couronné en 743 mais n'exerce pas son pouvoir, réellement détenu par le maire. Après avoir consulté le pape Zacharie, Pépin le Bref (715-768), fils de Charles Martel, franchit le pas et dépose Childéric III, s'empare du titre royal en 751 et donne ainsi naissance à une nouvelle dynastie, les Carolingiens. Dernier Mérovingien sur le trône, Childéric III est enfermé dans le monastère de Saint-Berthin (près de Saint-Omer), son fils Théodoric (ou Thierry) est relégué à l'abbaye de Saint-Wandrille où il mourra sans postérité.

EPOUSE :

GISÈLE

(? - ?)

Elle est connue comme épouse de Childéric III à qui elle donne un fils, Théodoric (ou Thierry) qui, relégué à l'abbaye de Saint-Wandrille, mourra sans postérité.

Les Carolingiens

La dynastie carolingienne

Descendant des Pippinides (du nom de Pépin de Landen, grand-père de Pépin d'Héristal), cette famille franque a su profiter de sa position à la tête de la mairie du Palais pour progressivement substituer son pouvoir à celui des Mérovingiens défaillants. C'est Pépin le Bref (715-768) qui inaugure le changement dynastique : non seulement il s'empare du pouvoir royal en 751, mais le Saint-Siège le reconnaît en le sacrant à Soissons en 752 puis à Saint-Denis en 754. Cette reconnaissance et le soutien que lui offrira l'Église grandiront le pouvoir de cette famille : soutenus par Rome, Pépin le Bref puis Charlemagne (du latin *Carolus Magnus*) pourront entamer une politique d'expansion énergique, tant du « *regnum Francorum* » que de la chrétienté elle-même. C'est d'ailleurs à ce même Charlemagne que la nouvelle dynastie régnante, ou « *seconde race* », doit son nom de Carolingiens.

Et l'expansion carolingienne débute vers 755, lorsque Pépin le Bref répond à l'appel du pape Etienne II dont les intérêts sont menacés par les Lombards. Elle se prolonge avec son fils Charles, le futur Charlemagne, qui intervient en Germanie, en Espagne et en Italie pour y conquérir le royaume lombard. Achevée pour l'essentiel à la fin du VIIIe siècle, elle confère à Charles un prestige considérable : détenteur unique du pouvoir temporel dans toute la chrétienté, il sera consa-

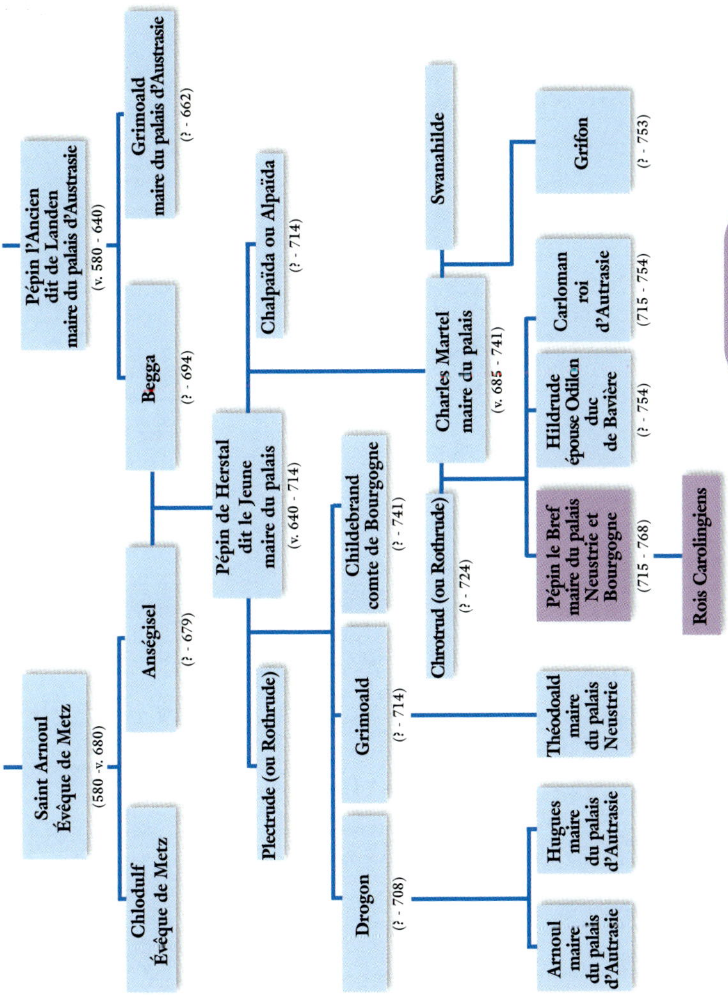

Tableau généalogique des Pippinides

cré « *Empereur des Romains* », à Rome en 800, confortant ainsi l'union de l'Empire avec la oapauté. Charlemagne et son fils Louis le Pieux s'attachent à reconstituer l'Empire romain d'Occident sur le modèle byzantin, entretenant une étroite alliance avec le Saint-Siège. Une cour et une administration centralisée s'organisent. Dans chaque cité, évêque et comte collaborent et se contrôlent

Tableau généalogique des Carolingiens

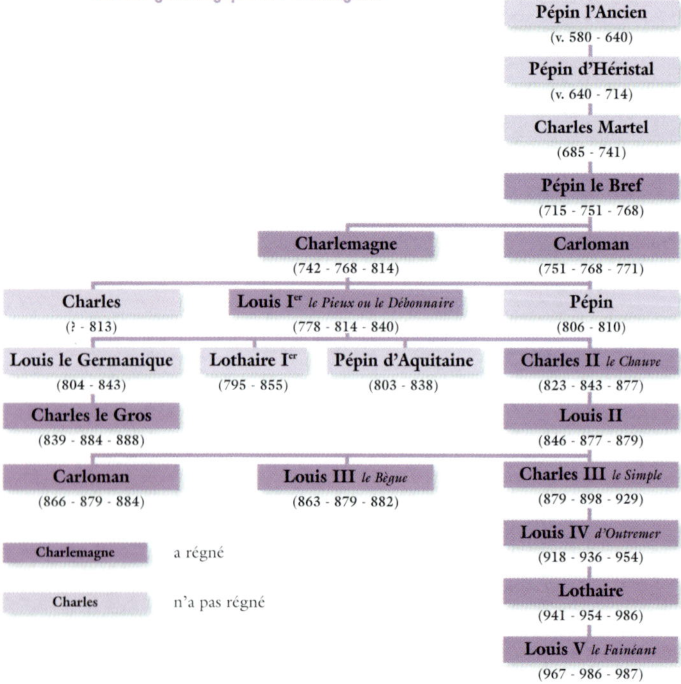

mutuellement. Dans les marches, c'est-à-dire dans les territoires frontières, ils sont eux-mêmes placés sous l'autorité d'un marquis. A l'intérieur du royaume, les célèbres « *missi dominici* » ou « envoyés du maître », le plus souvent un laïc et un ecclésiastique, sont de véritables représentants du pouvoir impérial. Leurs tâches sont multiples : ils font appliquer les capitulaires (ordonnances impériales) qui tendent de plus en plus à remplacer les ordres oraux, font des tournées d'inspection au cours desquelles ils règlent des problèmes de justice, contrôlent fonctionnaires royaux, comtes et évêques et rédigent des rapports...

Une étroite surveillance des comtes et des marquis n'était d'ailleurs pas inutile car dans les plus grandes cités et dans certaines provinces comme la Bourgogne, les Flandres, le Vermandois, l'Anjou, le Poitou, le Toulousain ou la Bretagne, ceux-ci commençaient à fonder des dynasties locales dont le pouvoir et la puissance inquiètent l'empereur ou le roi.

La puissance de l'Empire carolingien reste fragile, d'autant plus que la loi franque de division successorale entre les héritiers masculins prévaut encore : en vertu de celle-ci, dès 806, Charlemagne a donc bien prévu, par l'acte de Thionville, le partage de son empire entre ses trois fils... Mais la mort, qui frappe Pépin en 810 et Charles en 813, laisse Louis Ier le Pieux héritier unique. Et pour ce dernier, l'Empire ne saurait être divisé : aussi promulgue-t-il l'« *Ordinatio Imperii* » de 817, proclamant, au mépris des anciens usages, son fils aîné Lothaire seul bénéficiaire de la dignité impériale et unique héritier de l'Empire, et l'associe-t-il immédiatement au pouvoir. Cette idée sera rejetée : trop nouvelle, trop opposée à la coutume du partage jusqu'alors suivie, elle ouvrira une querelle dynastique fatale à l'unité de l'Empire. Tout le règne de Louis Ier sera ainsi marqué par les rébellions et les rivalités entre ses fils Lothaire, Pépin, Louis le Germanique et Charles le Chauve, et les désordres se poursuivront après sa mort pour aboutir au traité de Verdun de 843, divisant l'Empire en trois royaumes attribués à Lothaire, Louis le Germanique et Charles le Chauve.

Chaque partage successoral entraîne donc un morcellement de l'Empire qui achemine l'Occident vers un émiettement territorial. D'ailleurs, cet empire recouvre, du fait de son étendue, une pluralité d'Etats, de peuples et de royaumes, avec chacun ses propres coutumes et sa langue : pour les maintenir sous domination et assurer une certaine unité, il fallait une personnalité forte, comme celle de Charlemagne... et parfois de véritables campagnes de « pacification », voire même comme en Aquitaine et en Saxe révoltées, de violentes répressions.

Sur le plan culturel pourtant, la période carolingienne s'est traduite par une véritable explosion des arts dans de nombreux domaines (fresques, enluminures, architecture, ivoires sculptés...), véritable « Renaissance » dont l'influence sera encore nettement perceptible à la fin du Xe siècle. L'instruction se développe, dispensée par les meilleurs maîtres dans de nombreuses écoles (écoles du Palais ou monastiques) : son financement est en partie assuré par le commerce d'esclaves, généralement des guerriers capturés au cours de raids dans les contrées slaves ou germaniques.

Les rois carolingiens

> 751

Pépin le Bref

(Jupille [Belgique] 715 - Saint-Denis 24-9-768)

Deuxième fils de Charles Martel (v. 685-741) et de Chrothrude, il succède en 741 à son père à la mairie du Palais de Neustrie, partageant d'abord le pou-

Pépin le Bref. Gisant.
Abbatiale de Saint-Denis. Photo Hervé Champollion.

voir avec son frère Carloman, avant que celui-ci n'abdique pour se faire moine en 747. La même année, Pépin soumet les Germains de la rive droite du Rhin (Saxons, Alamans, Bavarois) et leur fait prêter hommage à Childéric III, roi en titre depuis 743. En 750, Pépin le Bref sollicite l'appui du pape Zacharie pour déposer Childéric III : il obtient la réponse célèbre, selon laquelle était roi celui qui exerçait réellement le pouvoir. Le soutien du pape lui est ainsi acquis, d'autant plus que Pépin lui a promis d'intervenir militairement contre les Lombards qui occupaient l'Italie.

Childéric III relégué au monastère, Pépin est proclamé roi en 751. Il est sacré une première fois en 752 à Soissons par l'ensemble des évêques de la Gaule et par Boniface, archevêque de Mayence, puis une seconde fois en 754 à Saint-Denis par le pape Etienne II. Il bénéficie désormais de la légitimité acquise par Clovis Ier, celle d'être élu de Dieu. Cette alliance de la Couronne et du Saint-Siège se traduira par deux campagnes en Italie dès 754 et 756 : Pépin porte alors assistance au pape Etienne II, menacé par le roi des Lombards Aistulf, à qui il reprend l'exarchat de Ravenne et la région autour de Rome, territoires qu'il redonne au pape. Puis il fait la conquête de l'Aquitaine (760-768) et meurt après avoir partagé son royaume entre ses deux fils.

Epouse :

Berthe (ou Bertrade) de Laon

(719 - Choisy-au-Bac 783)

Fille de Caribert, comte de Laon, elle épouse Pépin

le Bref en 741 et donne naissance à Charlemagne et Carloman. Répudiée en 752, elle sera reprise la même année, le pape Zacharie menaçant d'excommunier Pépin.

> 768
Charles Ier le Grand (ou Charlemagne*)
*** DU LATIN *CAROLUS MAGNUS***

(742 - Aix-la-Chapelle 28-1-814)
Fils aîné de Pépin le Bref et de Berthe, sacré roi en 751, il règne d'abord sur l'Aquitaine occidentale, la Neustrie, l'Austrasie et ses dépendances germaniques. A la mort de son frère aîné Carloman (751-771), il

Charlemagne.
Palais de Justice, Paris. Photo Hervé Champollion.

hérite de la Bourgogne, de la Provence, de la Septimanie et de l'Aquitaine, devenant roi de l'ensemble des domaines francs. L'unité du « *regnum Francorum* » ainsi rétablie, le pape Léon III le sacre Empereur des Romains, le jour de Noël 800, à Rome.

Ayant établi sa capitale à Aix-la-Chapelle en 796, le plus prestigieux des souverains carolingiens poursuit tout au long de son règne deux ambitions principales. La première est le rétablissement de l'ordre. Il confie aux comtes et aux évêques des territoires dont ils prennent la responsabilité directe, mais ceux-ci sont contrôlés par les *missi dominici*, qui assurent le

L'Empire de Charlemagne (800)

contact entre le palais et l'administration locale. Pour mieux gouverner, il remplace les ordres jusqu'alors oraux par des écrits (capitulaires). Il réforme la justice, crée un corps de juges spécialisés désignés par les *missi*. Pour s'appuyer sur une Église forte, il associe les évêques et les abbés aux tâches de l'administration séculière, sans renoncer à intervenir de façon autoritaire dans les affaires ecclésiastiques ou de veiller au redressement spirituel et moral du clergé et des fidèles. Il organise l'évangélisation des régions nouvellement conquises, l'éducation chrétienne des enfants, l'instruction des clercs. Des écoles et des monastères sont fondés en grand nombre sous son règne. Cette politique favorise un renouveau certain de l'activité intellectuelle et artistique, qu'on appellera la « Renaissance carolingienne ».

La seconde ambition de Charlemagne est la construction en Occident d'un vaste empire chrétien. Il dirige de nombreuses campagnes militaires : en Lombardie en 774, dont il devient roi ; contre les Saxons, dont il réprime une révolte en déportant quelque dix mille d'entre eux vers la France méridionale avant de les soumettre en 804 ; contre les Arabes en Espagne en 778-811 ; contre les Bavarois en 788 ; contre les Avars en Hongrie en 791-796... A la fin du VIIIe siècle, son empire est immense, correspondant à la plus grande partie de l'Occident, mais il sera d'une durée éphémère car l'acte de Thionville de 806 le partagera, de son vivant, entre ses trois fils : l'Aquitaine est alors attribuée à Louis le Romain, la Francie à Charles (ce dernier mort avant son père, l'héritage reviendra à Louis), l'Italie à Pépin puis à son fils Bernard.

Epouses :

Himiltrude (ou Chimiltrudis, Amautry)

(? - ?)

Elle épouse Charlemagne en 768 mais il s'agit d'un mariage morganatique et elle sera reléguée dans un couvent, tout comme leur fils Pépin le Bossu (769-811).

Désirade (ou Désirée)

(V. 747 - 776)

Fille de Desiderius (ou Didier), roi des Lombards, elle devient la deuxième épouse de Charlemagne en 770 et sera répudiée en 771.

Hildegarde

(758 - 783)

Fille d'Hildebrand, comte de Souabe, elle épouse Charlemagne en 771 et donne naissance à neuf enfants dont le futur roi Louis Ier le Débonnaire.

Fastrade (ou Fastrée, Fastrada)

(765 - 794)

Fille de Radulf (ou Raoul), comte de Franconie, elle épouse Charlemagne en 783 et lui donne deux filles.

Liutgarde (ou Liutgardis, Liedgarde) d'Alémanie

(V. 776 - 800)

Fille de Liutfried d'Alsace, elle épouse Charlemagne vers 795.

MADELGARDE (OU MADELGARDIS, MATHALGARDE)
(? - ?)
Connue comme sixième épouse de Charlemagne, elle lui donne deux filles.

RÉGINA (OU REGINA, REINE)
(? - ?)
Elle devient, vers 800, la septième épouse de Charlemagne.

ADELINDE
(? - ?)
Elle devient, vers 806, la huitième épouse de Charlemagne.

GERSWINDE
(V. 782 - 829)
Fille de Wittiking, roi de Saxe, elle devient la neuvième épouse de Charlemagne en 808.

> 814
Louis Ier le Débonnaire (ou le Pieux, le Romain)

(Chasseneuil 778 - près d'Ingelheim 20-6-840)
Troisième fils de Charlemagne et de Hildegarde, il est roi d'Aquitaine en 781, puis à la mort de ses frères, seul successeur de Charlemagne qui le sacre empereur, à Aix-la-Chapelle, en 814. Afin de régler à

l'avance sa succession, il divise de son vivant l'Empire en trois royaumes, attribués à chacun de ses fils, Louis le Germanique, Pépin d'Aquitaine et Lothaire, avec une primauté pour ce dernier, l'aîné, à qui il donne la couronne (*Ordinatio Imperii*, 817). Cet acte devait constituer un compromis entre la coutume franque du partage successoral et le maintien de l'unité de l'Empire.

Mais la seconde épouse de Louis le Pieux, Judith de Bavière, qui avait donné naissance en 823 à un quatrième fils, Charles, exige qu'il reçoive comme ses frères sa part d'héritage. Elle rejette l'*Ordinatio Imperii* de 817, ce qui déclenche la plus grande confusion dans l'Empire à partir de 826 : les luttes intestines se multiplient, opposant les quatre fils à leur père ou Lothaire à ses cadets. Louis Ier, abandonné par ses troupes, sera même déposé par l'archevêque de Reims en 833 ; Lothaire et Pépin seront battus en 841 à Fontenoy-en-Puisaye (Yonne) par leurs frères Charles le Chauve et Louis le Germanique. Finalement, Louis le Pieux, qui avait été restauré en 835, partagera l'immense empire de Charlemagne, après la mort de Pépin d'Aquitaine, entre ses trois autres fils : le traité de Verdun de 843 attribue ainsi la Lotharingie (région s'étirant de la Frise à l'Italie et comprenant la Provence) et le titre impérial à Lothaire Ier, la Francie orientale (futur royaume d'Allemagne) à Louis le Germanique et la Francie occidentale (futur royaume de France) à Charles II le Chauve.

ÉPOUSES :

IRMINGARDE (OU ERMANGARDE)

(V. 780 - 818)

Fille d'Ingram, comte de Hesbaye, elle est issue de la famille des Robertiens, dont descendent les Capétiens. Elle épouse, vers 794, Louis Ier le Débonnaire, à qui elle donne Lothaire, Pépin d'Aquitaine et Louis le Germanique.

JUDITH DE BAVIÈRE (OU IUDITHA, YUTHA, IUDITH)

(800 - Tours 845)

Fille de Welf, comte de Bavière, elle épouse Louis Ier le Débonnaire en 819 et donne naissance à son successeur, Charles II le Chauve.

> 843

Charles II le Chauve

(Francfort 13-6-823 - Avrieux 6-10-877)

Fils cadet de Louis Ier le Pieux et de Judith de Bavière, passionné par les arts, les lettres, la dialectique et la théologie, il fait de la Cour un brillant centre de culture.

Son règne pourtant sera mouvementé. D'une part, les raids scandinaves se multiplient, semant une indicible frayeur : les terribles guerriers (qui deviendront plus tard les « Normands ») ont déjà sévi dans la région de Rouen en 841 et dans le bassin de la Seine en 842. Ils sont à Nantes et Noirmoutiers en 844, puis leurs redoutables drakkars remontent la Loire et mettent Tours à sac en 853. On les retrouve ensuite sur la Seine, pillant Paris en 861 et atteignant Melun en 866. Ils volent, violent, incendient,

ravagent tout sur leur passage ; la rapidité et la brutalité de leurs attaques terrorisent les populations.
D'autre part, Charles II doit affronter la jalousie de ses frères, Lothaire, Louis le Germanique et Pépin d'Aquitaine, nés d'un premier mariage de son père et bénéficiaires du partage de l'Empire en 817 (*Ordinatio Imperii*). Après de nombreuses années de guerres ou de rivalités et la mort de Pépin d'Aquitaine en 838, le traité de Verdun signé en 843 conclut une entente entre Lothaire, Louis le Germanique et Charles, ce dernier se voyant attribuer la *Francie occidentalis*. Regagnant progressivement une bonne partie de l'Empire, Charles II sera couronné à Rome « *Empereur des Romains* » en 875 par le pape Jean VIII.

EPOUSES :

ERMENTRUDE (OU ERMENTRU, ERMENTRUDIS)

(V. 830 - 869)

Fille d'Eudes Ier, comte d'Orléans, elle épouse Charles II le Chauve en 842 et donne naissance au futur roi Louis II le Bègue.

RICHEUT (OU RICHILDE, RICHILDIS)

(V. 845 - 910)

Fille de Bivin, comte d'Ardenne, elle épouse Charles II en 870.

> 877

Louis II le Bègue (ou le Fainéant)

(1-11-846 - Compiègne 10-4-879)

Fils de Charles II le Chauve et d'Ermentrude, il se

révolte contre son père et sera reconnu roi avec bien des difficultés, malgré les nombreuses concessions qu'il accorde aux Grands. Il est pourtant sacré et couronné à Compiègne en 877, puis à Troyes en 878 par le pape Jean VIII. Sous son règne, le royaume, fragilisé, s'émiette en de multiples fiefs, tandis que l'autorité des comtes se substitue peu à peu à celle du roi.

Epouses :

Ansgarde (ou Ansgardis) d'Hiémois

(? - v. 880)

Fille du comte Mardouin, elle épouse Louis II le Bègue en 862 et donne naissance à Louis III et Carloman. Elle est répudiée en 866.

Adélaïde (ou Aelis, Adelaïs) de Paris

(V. 853 - 901)

Fille d'Humruoch III de Frioul, elle épouse de Louis II le Bègue en 870 et donne naissance à Charles III le Simple.

> 879

Louis III

(863 - Saint-Denis 5-8-882)

Fils de Louis II le Bègue et d'Ansgarde, Louis III est couronné roi à Ferrières-en-Gâtinais en 879, en même temps que son frère Carloman. Régnant tous les deux conjointement, ils affrontent les Normands sur la Loire et en Normandie, remportant sur eux la victoire de

Saucourt-en-Vimeu en 881. Louis III meurt sans postérité, laissant Carloman régner seul.

> 879

Carloman

(866 - Les Andelys 12-12-884)

Fils de Louis II le Bègue et d'Ansgarde, Carloman est couronné roi à Ferrières-en-Gâtinais en 879, en même temps que son frère Louis III. Régnant conjointement tous les deux, ils affrontent les Normands sur la Loire et en Normandie. Louis III mort en 882, Carloman reste seul aux prises avec les Normands et avec Boson, beau-frère de Charles le Chauve. Il mourra accidentellement au cours d'une chasse dans la forêt des Andelys et, comme son frère, ne laissera aucun héritier.

> 884

Charles le Gros

(Neidingen 839 - Reichenau 13-1-888)

Troisième fils de Louis le Germanique, petit-fils de Louis le Débonnaire, il devient roi de France en 884 au détriment de Charles le Simple. Il se porte au secours du comte Eudes (fils de Robert le Fort) et de l'évêque Gauzlin, assiégés dans Paris par les Normands (novembre 885 à septembre 886). Mais il n'oppose guère de résistance à l'ennemi à qui il verse un tribut important et permet de piller la Bourgogne. Cette politique lui vaut la réprobation de la plus grande partie de la noblesse : retiré en Alsace et déposé pour incompétence par la Diète de Tribur, en novembre 887, il se réfugie au monastère de la Reichenau en Souabe où il meurt l'année suivante.

Epouse :
Richarde
(845 - 900)
Fille d'Erchanger, comte d'Alsace, elle épouse Charles le Gros en 862.

> 888
Eudes (ou Odo)
(V. 860 - La Fère 898)
Il n'est pas carolingien : fils aîné de Robert le Fort, il est un Robertien, famille dont descendent les Capétiens. Voir page 73.

> 898
Charles III le Simple*
*** c'est-à-dire le Loyal**
(17-9-879 - Péronne 7-10-929)
Fils posthume de Louis II le Bègue et d'Adélaïde, il est sacré et couronné à Reims en janvier 893 par l'archevêque Foulques. Il partage d'abord, de 896 à 898, le pouvoir avec le Robertien Eudes, puis règne seul, de 898 à 923. Il négocie la paix avec le chef des Normands Rollon (traité de Saint-Clair-sur-Epte en 911), autorisant leur installation dans la vallée de la Seine et mettant ainsi un terme aux invasions des Vikings dans le royaume franc. Rollon se convertira d'ailleurs, en

912, au christianisme, religion du roi, et se fera baptiser, montrant ainsi sa volonté d'une réelle intégration et d'une véritable conciliation avec l'Église.
Charles III voit ses droits contestés par les Grands de Neustrie et le duc Robert (frère du défunt roi Eudes). Robert, couronné à Reims en 922, est attaqué près de Soissons par Charles III ; il est tué en 923 tandis que Charles III, vaincu, doit fuir. Les partisans de Robert portent alors son gendre Raoul à la royauté. Par la suite, Charles, attiré dans un guet-apens à Château-Thierry, sera emprisonné à Péronne où il mourra ; sa femme s'exilera en Angleterre, emmenant avec elle leur fils, le futur Louis IV d'Outremer.

EPOUSES :

FRÉDÉRUNE (OU FRÉRONE, FREDERUNA)

(V. 887 - 917)

Fille de Thierry II de Rhingelheim, elle épouse Charles III en 907.

ODGIVE (OU EDVIGE, EDVIGA, EADGYFA) D'ANGLETERRE

(896 - 951)

Fille d'Edouard l'Aîné, roi d'Angleterre, elle épouse Charles III le Simple en 917 et donne naissance à Louis IV d'Outremer.

> 922

Robert Ier (ou Rodbert)

(860 - Soissons 923)

Il n'est pas carolingien : deuxième fils de Robert le Fort,

c'est un Robertien, famille dont descendent les Capétiens. Voir page 74.

> 923

Raoul (ou Rodolphe) de Bourgogne

(? - Auxerre 936)

Il n'est pas carolingien : gendre de Robert Ier, il se rattache à la famille des Robertiens dont descendent les Capétiens. Voir page 75.

> 936

Louis IV (ou Hludowic) d'Outremer

(918 - Reims 10-9-954)

Fils de Charles III le Simple et d'Odgive d'Angleterre, il est emmené en Angleterre par sa mère, chez son grand-père Edouard l'Aîné, après la défaite imposée à son père Charles III le Simple par les partisans de Raoul de Bourgogne. De retour en France, il est couronné à Laon en juin 936. Louis IV doit surmonter une coalition menée par le fils de Robert Ier, Hugues le Grand (v. 897-956) qui, convoitant le trône, tente de prendre en main le gouvernement du royaume : aussi, allié avec Othon Ier, roi d'Allemagne et avec Conrad, roi de Provence, il s'emparera de Reims tandis que le pape excommuniera Hugues en 948. Son autorité est alors rétablie.

Epouse :

Gerberge de Saxe

(913 - 984)

Fille d'Henri Ier l'Oiseleur, roi de Germanie, elle épouse

Louis IV d'Outremer en 939 et donne naissance à Lothaire.

> 954

Lothaire IV (ou Hlothar)

(Laon 941 - Compiègne 2-3-986)

Fils de Louis IV et de Gerberge de Saxe, il est associé à son père en 946, puis, élu roi par une assemblée de Grands et d'évêques, il est sacré et couronné à Reims en 954. Durant sa minorité, c'est l'évêque de Cologne qui dirige le royaume... En 978, il tente d'annexer la Lotharingie, politique qui provoque l'invasion de cette région par Othon II. D'abord battu par Otton qui prend Laon et brûle Compiègne, il parvient toutefois à le repousser, avec l'aide d'Hugues Capet, en 979. Bien que réconcilié avec Othon II en 981, il profite de la mort de ce dernier en 983 et du jeune âge d'Othon III (3 ans) pour tenter de déstabiliser le Saint Empire germanique.

EPOUSE :

EMMA

(V. 948 - 989)

Fille de Lothaire II, roi d'Italie, elle épouse Lothaire en 966.

> 986

Louis V (ou Hludowic) le Fainéant

(967 - Compiègne 21-5-987)

Fils de Lothaire et d'Emma, il est associé au trône en

978 et sera sacré à Compiègne en 979. Déconsidéré en raison de ses déboires conjugaux, il ne suscite guère de respect chez les Grands du royaume. Il assiège Reims, dont l'archevêque Adalbéron, chancelier du royaume, conspirait, mais trouve la mort, à la suite d'une chute de cheval au cours d'une chasse en forêt de Senlis. Le trône devenant libre car il n'a pas d'héritier, les nobles se réunissent à Senlis et, à la demande d'Adalbéron, écartent son oncle Charles, duc de Basse-Lorraine, pour porter au pouvoir Hugues Capet. Louis V, surnommé sans raison « *le Fainéant* » par ses successeurs capétiens, sera donc le dernier Carolingien à régner.

Epouse :

Adélaïde d'Anjou (ou Adelaïs, Aelis, Azalaïs)

(V. 947 - v. 993)

Fille de Foulques II, comte d'Anjou, et veuve d'Etienne Ier, comte du Gévaudan, elle épouse Louis V le Fainéant en 982.

Les Capétiens

La dynastie capétienne

La dynastie capétienne remonte aux ancêtres de Robert le Fort (v. 825-866), père du roi de France Eudes (v. 860-898), issu des comtes de Wormsgau et Oberrheingau, sans doute des Mérovingiens d'une branche cadette alliés aux Carolingiens par les femmes.

Cette dynastie capétienne ou « *troisième race* », va fonder véritablement la puissance royale en France, au long d'un règne de près de huit siècles, d'abord en ligne directe de 987 à 1328, puis par la succession de branches collatérales, jusqu'en 1848. La branche maîtresse doit son nom à Hugues Capet, issu des Robertiens. Cette famille joue un rôle important à partir de Robert le Fort, mort en 866 après s'être illustré en combattant les Normands et dont les fils Eudes et Robert Ier ont régné en France respectivement de 888 à 898 et de 922 à 923, en alternance avec les Carolingiens. L'accession au trône d'Hugues Capet, à la mort du dernier Carolingien, Louis V, ouvre véritablement l'histoire de cette Maison. Et celle-ci s'éteint, pour la branche directe, en 1328, avec Charles IV le Bel, mort sans héritier mâle : ses frères Louis X et Philippe V décédés, sa sœur Isabelle écartée du trône en vertu de la loi salique, la couronne passera alors à son cousin Philippe VI de Valois.

A partir d'un domaine modeste en Ile-de-France en 987, les Capétiens sont parvenus de façon remarquable à étendre leur royaume : à la mort du dernier roi capétien, Charles IV le Bel (1328), seules la Flandre, la Bretagne et la Bourgogne demeurent encore en dehors d'un royaume dont les frontières de l'Est suivent approxi-

Tableau généalogique des Robertiens

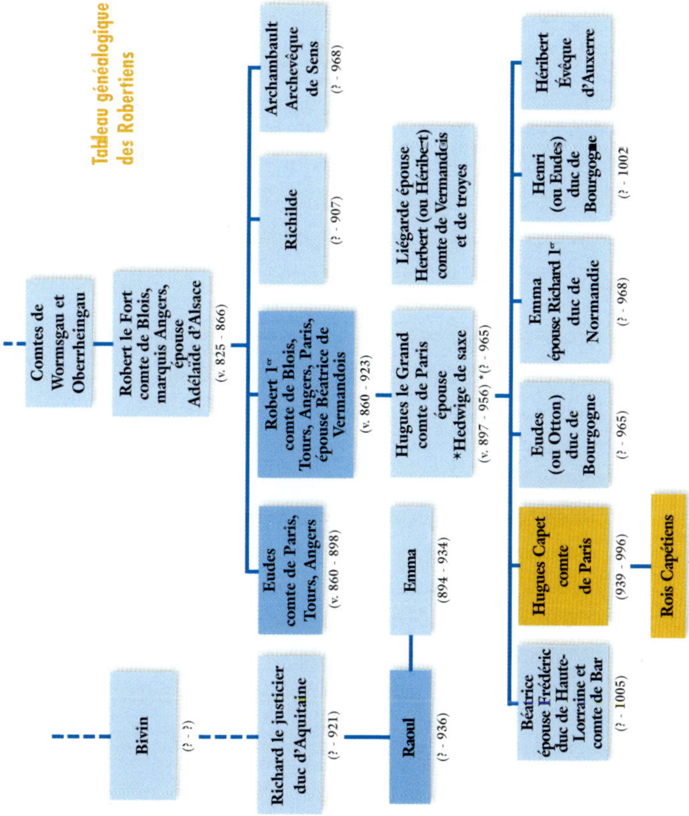

mativement les courbes de l'Escaut, de la Meuse et du Rhône. Philippe Auguste est même parvenu à éliminer la vaste enclave que constituait le domaine des Plantagenêts dans les provinces de l'Ouest (la lutte contre les Anglais restera d'ailleurs l'une des priorités des Capétiens).

L'agrandissement et la mise en valeur de ce domaine royal permettent au royaume de connaître un certain essor : accroissement de la population, des rendements agricoles, du commerce intérieur et extérieur... Cette expansion ne pouvait s'envisager sans le soutien d'une administration efficace, pour laquelle les Capétiens savent créer des institutions nouvelles telles que le Conseil du Roi, le Parlement, la Chambre des Comptes... Ils organisent la gestion du Trésor, réforment et centralisent l'administration, et permettent peu à peu au royaume, progressivement dégagé de l'emprise féodale, d'exister en tant qu'État... La gestion des finances publiques, qui se confondent avec celles du souverain du moment, est pourtant le problème récurrent, et les difficultés financières sont permanentes. La nécessité de trouver toujours plus d'argent, le plus souvent pour financer les guerres, provoquera troubles et révoltes et opposera fréquemment les derniers Capétiens aux États généraux, sans l'accord desquels les impôts ne peuvent être levés.

Sur le plan de la politique intérieure, la plus grande habileté des Capétiens est sans doute d'avoir su tourner à leur profit certains usages, notamment ceux permettant de régler la question capitale de la succes-

Tableau généalogique des Capétiens

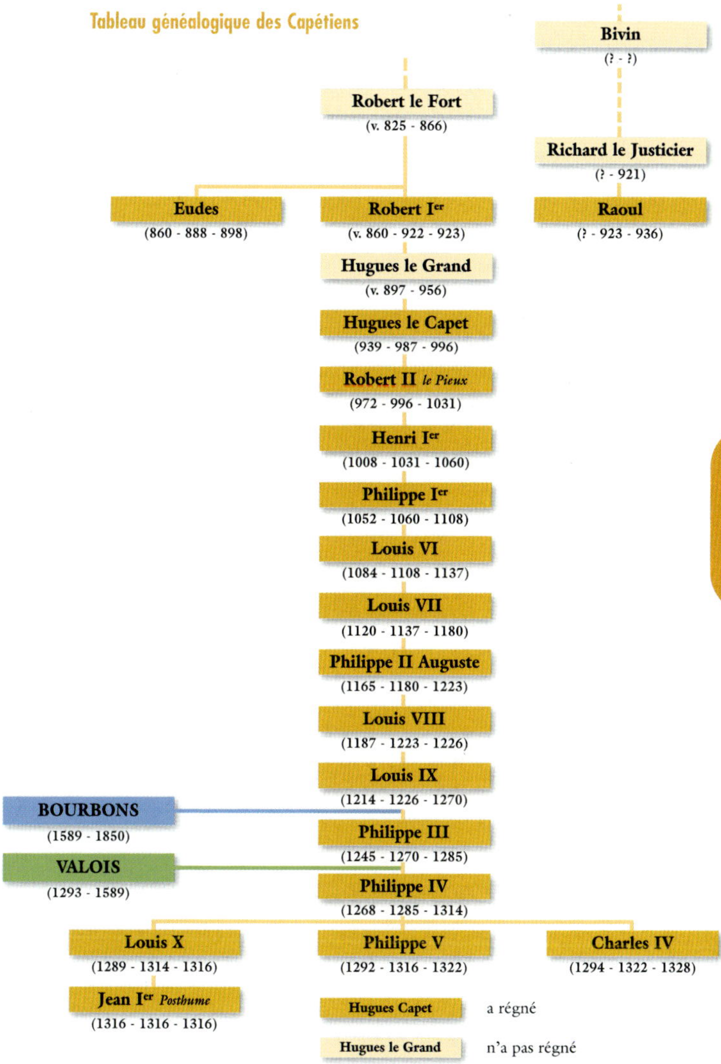

sion. Si, à l'origine, c'est la règle de l'élection à la Couronne qui prévaut, les Capétiens assureront leur succession en associant au pouvoir leurs fils aînés, qui, généralement, les remplaceront sur le trône, après une élection de principe par les Grands. Puis, peu à peu, pour éviter que la couronne n'échappe à leur descendance, ils réussiront à imposer le principe de l'hérédité en faisant couronner de leur vivant celui qu'ils avaient choisi pour successeur.

La continuité dynastique garantie, les Capétiens se sont attachés à exercer leur autorité sur l'ensemble de leurs sujets et à centraliser leur pouvoir. Ils habituent les grands féodaux, dont ils sont les suzerains, à s'incliner devant le pouvoir royal, en intervenant par exemple sur leurs terres. Le système féodal connaît alors son apogée : chaque seigneur est lié par l'hommage, c'est-à-dire des engagements vis-à-vis d'un autre seigneur plus puissant qui lui accorde sa protection en échange d'aides et d'assistance, le plus faible étant le vassal et le plus puissant le suzerain. La société médiévale forme ainsi une hiérarchie pyramidale, dont le sommet est le roi, ultime suzerain refusant de prêter hommage à quiconque, faute de quoi il en deviendrait vassal.

Dans le domaine religieux, les Capétiens jouissent d'un grand prestige. Le pouvoir royal, devenu héréditaire, est conforté par le sacre qui, depuis le XIe siècle, investit le roi d'un pouvoir d'origine divine et lui confère une dignité sacrée proche de celle des évêques. Ministre de Dieu, le roi a obligation de défendre l'Église et la foi chrétienne : il s'en acquitte en lançant par exemple les croisades, à l'intérieur du royaume (contre les hérétiques albigeois en Languedoc) et à l'extérieur (contre les Infidèles en Terre sainte). En observant le rôle d'un Suger (1081-1151), célèbre abbé de Saint-Denis et conseiller de Louis VI et Louis VII, ou encore la multiplication des églises, cathédrales et abbayes, ou le surnom de « Pieux » donné à Robert II et à Louis VII, ou la canonisation rapide de Louis IX vingt-sept ans seulement après sa mort... on appréciera l'étroitesse des liens unissant Église et royauté, malgré quelques incidents comme les excommunications de Robert II en 998, de Philippe Ier en 1095, 1097, 1100. De tous les Capétiens, c'est Saint Louis qui, sur le plan religieux, remporte le plus grand prestige : par sa foi exceptionnelle et sa morale intransigeante, il devient en Occident le modèle vivant du roi chrétien et sa canonisation en 1297 ne fait qu'accroître le prestige de la dynastie.

Les rois capétiens

Rois antérieurs à Hugues Capet et dits « Robertiens »

> 888

Eudes (ou Odo)

(V. 860 - La Fère 898)

Fils aîné de Robert le Fort (v. 825-866), abbé laïc de Marmoutier et comte d'Angers et de Tours, Eudes est comte de Troyes et de Paris en 882. En 885, il défend la capitale alors qu'elle se trouve assiégée par les Normands qu'il repousse avec succès malgré l'inertie du roi Charles le Gros. Ce dernier destitué par la Diète de Tribur en 887, les Grands profitent, en 888, de la minorité du prétendant légitime, le Carolingien Charles le Simple, pour élire Eudes et le couronner à Compiègne puis à Reims. Cependant, avec le soutien de ses partisans, Charles III sera également couronné à Reims en janvier 893 par l'archevêque Foulques. Une guerre oppose alors pendant près de quatre ans Eudes à son rival carolingien. Après une lutte confuse, malade, Eudes traitera avec Charles en 897 et mourra l'année suivante, après avoir recommandé à ses vassaux de reconnaître son ancien concurrent et la couronne retournera pour quelque temps aux Capétiens.

EPOUSE :

THÉODÉRADE (OU THIERRÉE, THEODRADA)

(868 - 903)

Fille d'Aléram Ier, comte de Troyes, elle épouse Eudes vers 882 et lui donne un fils, Guy.

> 922

Robert Ier (ou Rodbert)

(860 - Soissons 15-6-923)

Second fils de Robert le Fort dont l'aîné Eudes avait déjà régné de 888 à 898, il voit ses charges et titres confirmés par le roi carolingien Charles le Simple, qui lui accorde en plus la suzeraineté de la Bourgogne… Il combat les Normands, puis se rebelle contre le roi en 920. Elu roi des Francs par les nobles de Neustrie et les évêques, il sera consacré à Reims par l'archevêque Gauthier en 922. En 923, attaqué près de Soissons par Charles le Simple, il est tué tandis que le roi, battu, doit prendre la fuite.

Epouse :

Béatrice (ou Béatrix) de Vermandois

(V. 870 - 930)

Fille d'Herbert Ier, comte de Vermandois, elle épouse Robert Ier en 893.

> 923

Raoul (ou Rodolphe) de Bourgogne

(? - Auxerre 936)

Fils du duc d'Aquitaine Richard le Justicier (?-921), il est rattaché à la dynastie des Robertiens puisqu'il est le gendre de Robert Ier. Il succède à son beau-père avec l'accord du fils de ce dernier, Hugues le Blanc, et sera sacré roi en 923 à Soissons, tandis que le Carolingien Charles III le Simple, prétendant légitime au trône, est emprisonné à Péronne où il mourra en 929.

Raoul de Bourgogne repousse l'invasion des Hongrois en 926, combat les Germains en 925 mais ne peut les chasser de Lorraine. Il soumet les Normands en 930 et mourra en 936 sans héritier.

Epouse :

Emma

(894 - 934)

Fille du roi de France Robert Ier et de Béatrice de Vermandois, elle épouse Raoul vers 911.

Rois capétiens directs

> 987
Hugues Capet

(939 - 24-10-996)

Issu de la famille des Robertiens établie depuis un siècle en Francie (région comprise entre la Meuse et la Loire) et qui a déjà donné deux rois (Eudes et Robert Ier), il est le fils aîné d'Hugues le Grand et d'Edwige de Saxe. Comte de Paris, suzerain d'Aquitaine et de Bourgogne en 956, il est aussi abbé laïc de Saint-Martin de Tours : son surnom de « *Capet* » fait vraisemblablement référence à la *cappa*, demi-manteau de saint Martin alors conservé comme relique dans ce monastère.

A la mort de Louis V, dernier Carolingien, les nobles réunis à Senlis écarteront du trône son oncle Charles, duc de Basse-Lorraine, et, sur intervention de l'archevêque de Reims Adalbéron, adversaire des Carolingiens, éliront roi Hugues Capet. Celui-ci est sacré à Noyon en juillet 987 par Adalbéron et dispose déjà de nombreux vassaux.

A la Noël 987, quelques mois après son propre sacre, Hugues Capet associe son fils Robert au pouvoir et le fait sacrer par anticipation : il justifie sa décision en prétextant une éventuelle campagne en Espagne pour secourir Borel, comte de Barcelone, assiégé par les musulmans, mettant en avant son souci

d'éviter en toutes circonstances la carence à la tête du royaume. Cette pratique se maintiendra jusqu'à Philippe Auguste : elle assurait la continuité de la dynastie, créant de fait un principe d'hérédité qui perdurera près de huit siècles. En l'occurrence, cette précaution était d'autant plus nécessaire que Charles de Basse-Lorraine, frère de Lothaire et dernier prétendant carolingien, luttait pour regagner la couronne de France. Ayant pris Laon en 988, mais fait prisonnier en 991 par Ascelin, l'évêque de la cité, livré au roi, il mourra dans un cachot d'Orléans vers 995, débarrassant Hugues Capet et son fils de tout rival.
En dépit de ce succès, Hugues Capet, pourtant, ne sera qu'un grand seigneur féodal, guère plus puissant que ses vassaux. De nombreux actes officiels souscrits non par le roi ou le chancelier seul mais avalisés par de grands personnages sur lesquels s'appuie le souverain attestent, en effet, d'un pouvoir fortement partagé et d'une autorité fragile. Il n'en reste pas moins que Hugues Capet est à l'origine d'une dynastie qui régnera près de neuf siècles en s'attachant à renforcer l'autorité royale et à repousser les limites du domaine royal.
Sous son règne se tient en 989 le concile de Charroux, qui institue la « *paix de Dieu* » interdisant de faire la guerre aux non-combattants.

Epouse :

Adélaïde (ou Aelis ou Adélaïs) d'Aquitaine (ou de Poitou, de Poitiers, de Guyenne)

(945 - 1004)

Descendante de Charlemagne, fille de Guillaume III, dit « *Tête d'Etoupe* » et duc d'Aquitaine, elle épouse Hugues Capet en 970 et donne naissance à son successeur, Robert II le Pieux. Elle est reine de France de 987 à 996.

> 996
Robert II le Pieux

(Orléans 972 - Melun juillet 1031)
Fils aîné d'Hugues Capet et d'Adélaïde d'Aquitaine, il est associé au pouvoir l'année du sacre de son père en 987 et lui-même sacré à Orléans peu de temps après. Comme son père, il associe au gouvernement du royaume son fils aîné Hugues en 1017, puis, à la mort prématurée de ce dernier en 1026, son cadet Henri.

Sous son règne, la royauté se brouille avec le Saint-Siège : en effet, le pape Grégoire V, considérant que la parenté unissant Robert le Pieux à sa seconde épouse, Berthe de Bourgogne, est trop proche, fait annuler ce mariage par le concile de Rome en 998, ordonne la séparation des époux et les excommunie. Robert II se remarie alors avec Constance, fille du comte de Provence et d'Arles. Mais en 1010, il se rend à Rome avec Berthe pour demander au pape Jean XVIII d'annuler son mariage avec Constance, justifiant sa requête par une incompatibilité d'humeur. Sa demande est rejetée.

Durant son règne, il affronte rivalités seigneuriales, famines et brigandage. Il doit aussi faire face à la rébel-

lion de son fils Hugues, qu'il a fait couronner mais sans lui donner de domaine. La mort de ce dernier en 1025 conduira sur le trône son frère Henri en 1031. Robert II appuie les moines de Cluny dans la réforme de leur ordre et réprime sévèrement les hérésies naissantes, infligeant le bûcher à quatorze hérétiques en 1024. Il est réputé avoir été le premier roi à pouvoir guérir les écrouelles.
Il rattache le duché de Bourgogne à la Couronne (1002-1016) ainsi que les comtés de Dreux (1015), de Melun et de Paris (1016).

EPOUSES :

SUZANNE (OU ROSALA) DE PROVENCE

(950 - 1003)
Fille de Béranger, roi d'Italie, elle épouse Arnoul II le Jeune, comte de Flandre puis, veuve, Robert II le Pieux en 988. Ce dernier la répudie en 992 pour épouser sa parente Berthe de Bourgogne. Excommunié en 998 avec sa seconde épouse, Robert renvoie Berthe en 1003 mais ne peut reprendre Suzanne, devenue entre-temps religieuse.

BERTHE DE BOURGOGNE

(964 - 1024)
Fille de Conrad le Pacifique, roi de Bourgogne-Provence, et de Mathilde de France, fille de Louis IV, elle est veuve en 995 de Eudes, comte de Chartres, Tours et Blois. Elle épouse Robert II le Pieux en 996, mariage béni par l'archevêque de Tours Archambaud.

Mais en 998, le concile de Rome excommunie le roi et Berthe, qui continuent cependant à vivre ensemble. Finalement, Berthe est renvoyée en 1003 et Robert se remarie en 1107 avec Constance d'Arles. Berthe de Bourgogne est donc reine de France de 996 à 999.

Constance d'Arles (ou de Provence)

(V. 984 - Melun 1032)

Fille de Guillaume Ier, comte de Provence, elle épouse Robert II le Pieux en 1003. Reine de France de 1003 à 1031, elle donne naissance à Henri Ier.

> 1031

Henri Ier

(1008 - Vitry-aux-Loges 4-8-1060)

Deuxième fils de Robert II et de Constance de Provence, duc de Bourgogne vers 1017, associé au pouvoir par son père après la mort de son frère aîné Hugues en 1026 et sacré à Reims entre 1027 et 1031. Succédant à son père en 1031, il voit la plus grande partie de son règne marquée par d'incessants combats contre les seigneurs rebelles, dont beaucoup manifestaient des velléités d'indépendance et menaçaient le domaine royal : le duc de Bourgogne, le comte de Blois, le duc de Bretagne, le duc d'Aquitaine... En lutte de 1035 à 1047 contre les barons normands révoltés, il s'allie avec Guillaume le Bâtard, duc de Normandie et futur « *Conquérant* ». Mais, lorsqu'il envahit la Normandie et que son ancien allié le bat à

Mortemer en 1054 et à Varaville en 1055, l'alliance franco-normande ne résiste pas.
A défaut de pouvoir conforter son autorité, Henri Ier ne parvient qu'à assurer la survie de la dynastie capétienne en associant son fils Philippe Ier au trône dès 1059.

EPOUSES :

MATHILDE

(1027 - 1044)

Fille de Luidolf de Frise et nièce de l'empereur d'Allemagne Henri II, elle épouse Henri Ier en 1043. Elle est reine de France de 1043 à 1044.

ANNE DE KIEV (OU DE RUSSIE)

(1024 - 1075)

Fille de Iaroslav Ier, grand-duc de Russie, et d'Ingegerd de Norvège, elle épouse Henri Ier en 1049 et lui donne quatre enfants dont Philippe Ier. Reine de France de 1049 à 1060, elle devient régente et assure le gouvernement du royaume de 1060 à 1066 avec Baudouin V, comte de Flandre, oncle et tuteur de Philippe Ier. Après la mort du roi Henri Ier, elle se remarie avec Raoul de Péronne, comte de Crépy et de Valois puis, et à la mort de ce dernier, se retire en Russie.

> 1060

Philippe Ier

(1052 - Melun juillet 1108)

Fils d'Henri Ier et d'Anne de Russie, il est couronné en

1059 à Reims, en présence de son père à qui il succède en 1060. Son jeune âge l'empêchant de régner, c'est son oncle Baudouin V, comte de Flandre, et sa mère Anne de Kiev qui assureront la régence jusqu'en 1066.

Comme son grand-père Robert II, il connaît des démêlés avec la papauté. En 1092, il répudie sa femme Berthe et enlève, pour l'épouser, Bertrade de Montfort, femme du comte d'Anjou : il est excommunié à plusieurs reprises (en 1095, 1097, 1100) pour bigamie et son mariage avec Bertrade est invalidé. Il sera finalement absous en 1105.

Sous son règne a lieu la première croisade (1096-1099) à laquelle il ne participera d'ailleurs pas. En revanche, il esquisse les grandes lignes de la politique capétienne : il donne des fondations solides au pouvoir royal en développant son administration, en veillant à une bonne gestion du domaine royal, en limitant la puissance de vassaux trop ambitieux et en menant une stratégie d'affaiblissement des ducs normands dont le voisinage se fait menaçant. Il accepte l'émancipation de quelques villes qui obtiennent une charte communale (Le Mans en 1070, Saint-Quentin en 1102).

Suivant une coutume désormais établie, il associe son fils Louis VI à la Couronne en 1098 pour assurer la continuité dynastique. Il agrandit le domaine royal en annexant les comtés de Vermandois, du Gâtinais (1068), du Vexin français (1074), la vicomté de Bourges (1101) et la seigneurie de Dun-le-Roi.

Epouses :

Berthe de Hollande

(1055 - 1094)

Fille de Florent Ier, comte de Hollande, et de Gertrude de Saxe, elle épouse Philippe Ier en 1072 et donne naissance à Louis VI le Gros. Elle est reine de France de 1072 à 1092, année où elle est répudiée.

Bertrade de Montfort

(1070 - Fontevraud 1118)

Fille de Simon Ier de Montfort, elle épouse Foulques le Réchin, comte d'Anjou et de Touraine, puis est enlevée par Philippe Ier qui l'épouse en 1092. Elle est reine de France de 1092 jusqu'à sa répudiation en 1105.

> 1108

Louis VI le Gros (ou le Grand, le Chassieux, le Justicier, le Batailleur)

(Paris 1084 - Paris 1-8-1137)

Fils aîné de Philippe Ier et de Berthe de Hollande, d'abord comte de Vexin et de Vermandois, il est associé au pouvoir en 1098 puis sacré en 1108 à Orléans par l'archevêque de Sens.

Dès le début de son règne, il met fin aux désordres provoqués par les seigneurs pillards en Ile-de-France, soumettant son demi-frère Philippe de Montlhéry et éliminant Ebbes de Roucy en 1102, Enguerrand de Coucy en 1117, Thomas de Marles en 1130. Il combat pendant plus de vingt ans Thibaud IV de Champagne, redoutable conspirateur, et s'attaque à

Henri Ier Beauclerc, duc de Normandie et roi d'Angleterre qui, soutenu par l'empereur germanique Henri V, le bat à Noyon-sur-l'Andelle en 1119.
Avec son ministre Suger (1081-1151), abbé de Saint-Denis, il affirme la souveraineté du roi et met en valeur le domaine royal en soutenant les communautés rurales et les communes urbaines (chartes des communes de Metz et d'Amiens en 1117), même lorsqu'elles ne relèvent pas de son autorité, afin de rabaisser l'influence des barons. Au contraire de son père, il se rapproche du clergé en soutenant le pape contre les prétentions germaniques et en favorisant la fondation de nombreuses églises et monastères.
Il associe son fils Philippe au pouvoir en 1137, mais ce dernier se tue en tombant de cheval. Son second fils, Louis, est alors sacré roi et marié avec Aliénor, fille unique et héritière d'Aquitaine : cette alliance permet d'étendre le royaume de l'Oise jusqu'aux Pyrénées mais elle sera brisée en raison de l'annulation du mariage et de l'union nouvelle contractée en 1152 par Aliénor avec Henri II Plantagenêt (1133-1198).

Epouses :

Lucienne de Rochefort

(1108 - 1137)

Fille de Gui le Rouge, comte de Rochefort, elle épouse Louis VI le Gros en 1104 et sera répudiée en 1107.

Adélaïde (ou Alix, Aelix) de Savoie (ou de Maurienne)

(V. 1100 - Montmartre 1154)

Fille d'Humbert II, comte de Savoie, et nièce du pape Calixte II, elle épouse Louis VI le Gros en 1115, donne naissance au futur roi Louis VII, puis épouse le connétable de France Mathieu de Montmorency... Elle est reine de France de 1115 à 1137.

> 1137
Louis VII le Jeune (ou le Pieux)

(Paris 1120 - Paris 18-9-1180)

Deuxième fils de Louis VI et d'Adélaïde de Savoie, il est associé au trône et sacré à Reims en 1131 à la mort de son frère aîné, devient roi 1137. Son mariage avec Aliénor d'Aquitaine lui apporte la Guyenne, la Gascogne, le Poitou, la Marche, le Limousin, l'Angoumois, le Périgord, la Saintonge.

Louis VII conserve les ministres de son père (dont Suger, abbé de Saint-Denis), achève de soumettre les féodaux d'Ile-de-France et poursuit la mise en valeur du domaine royal : il soutient le mouvement communal et l'élection d'évêques dévoués à sa cause, accorde des privilèges aux communautés rurales, encourage les défrichements et l'émancipation des serfs.

Deux événements importants marquent son règne : son départ pour la deuxième croisade (1147-1149) durant laquelle Suger assure brillamment la régence du royaume, et le concile de Beaugency en 1152, qui annule son mariage avec Aliénor d'Aquitaine. L'union avait été célébrée sans dispense de consanguinité (Louis VII et Aliénor, ayant un ancêtre commun, Robert le Pieux, étaient en effet cousins) et par ailleurs,

Aliénor était fortement soupçonnée d'avoir été la maîtresse de son oncle Raymond de Poitiers. La reine épousera alors le comte d'Anjou Henri II (1133-1189) qui, devenu roi d'Angleterre, possédera, avec les terres de sa femme, une dangereuse enclave dans le sud-ouest de la France.

EPOUSES :

ALIÉNOR (OU ELÉONORE) D'AQUITAINE (OU DE GUYENNE)

(Nieul-sur-l'Authize 1122 - Fontevraud 1204)

Fille de Guillaume X, duc d'Aquitaine, et petite-fille de Guillaume IX le Troubadour (1086-1127), elle épouse Louis VII en 1137 et lui donne deux filles. Ce mariage sera annulé par le concile de Beaugency (21 mars 1152), officiellement pour consanguinité, mais peut-être aussi pour infidélité (Aliénor aurait trompé le roi avec Raymond d'Antioche, son propre oncle).

Elle épouse deux mois plus tard Henri II Plantagenêt (1133-1189), comte d'Anjou et duc de Normandie puis roi d'Angleterre, à qui elle donne huit enfants dont cinq garçons. Parce qu'elle aurait comploté contre lui, Henri II la fera enfermer à Winchester de 1173 jusqu'en 1189, sans toutefois la répudier pour ne pas perdre son domaine d'Aquitaine. La mort d'Henri II en 1189 lui rend la liberté : elle reprend alors le gouvernement de ses terres. Soutenant son fils préféré Richard Cœur de Lion (1157-1199), elle est régente tandis qu'il est en Terre sainte, réunit pour lui sa rançon en 1193 et obtient en 1194 qu'il se réconcilie avec son frère Jean sans Terre (1167-1216).

Aliénor d'Aquitaine fut ainsi reine de France de 1137 à 1152, reine d'Angleterre de 1154 à 1189 et régente d'Angleterre de 1189 à 1194. Après une longue vie et un destin exceptionnel, elle mourra à l'abbaye de Fontevraud où elle avait pris l'habit de moniale, âgée de 82 ans.

CONSTANCE DE CASTILLE

(V. 1136 - 1160)

Fille d'Alphonse VII, roi de Castille, elle épouse Louis VII en 1154 et sera reine de France de 1154 à 1160.

ADÈLE (OU ALIX) DE CHAMPAGNE

(1140 - Paris 1206)

Fille de Thibaut II, comte de Champagne, elle épouse Louis VII en 1160 et donne naissance à son successeur Philippe II Auguste. Elle est reine de France de 1160 à 1180.

> 1180

Philippe II Auguste (ou Dieudonné, le Magnanime, le Conquérant, le Fortuné, de Gonesse)

(Gonesse août 1165 - Mantes 14-7-1223)

Fils de Louis VII et d'Alix de Champagne, il est sacré du vivant de son père en 1179 et lui succède l'année suivante. Son couronnement le place à la tête d'un domaine prospère mais circonscrit à l'Ile-de-France, l'Orléanais et une partie du Berry : le reste du royaume est morcelé en une dizaine de fiefs peu touchés par

son autorité et les terres de l'Ouest et d'Aquitaine, domaine du roi d'Angleterre Henri II Plantagenêt (1133-1189), lui échappent complètement.
La plus grande partie du règne de Philippe II sera donc marquée par une lutte contre la Maison d'Angleterre. Il contraint ainsi Henri II à la capitulation d'Azay-le-Rideau en 1189, défait à Bouvines en 1214 une terrible coalition réunissant les comtes de Boulogne, de Flandres, de Hollande, les ducs de Lorraine, de Brabant, de Limbourg et l'empereur germanique et devient alors le personnage le plus puissant de l'Occident chrétien.
Philippe II étendra considérablement le domaine royal par l'acquisition d'Arras et du Vermandois (1185) et par l'annexion du comté d'Alençon (1195), de l'Auvergne (1198), des comtés d'Evreux (1200), de Touraine (1203), du Maine et d'Anjou (1203), du duché de Normandie (1205), des comtés du Poitou (1206), de Vermandois et de Valois (1215). L'extension du domaine royal sous son règne est considérable, la surface du royaume triplant pratiquement, et les ressources royales s'accroissant dans des proportions non moins importantes, ce qui vaudra à Philippe II le surnom d'*Auguste* (du latin *augere*, augmenter)...
Pour administrer ce vaste domaine et conforter son pouvoir, Philippe Auguste se dote de méthodes de gouvernement nouvelles, qui vont asseoir de façon définitive l'autorité royale. Délaissant les grands féodaux après les avoir maîtrisés, il nomme des hommes d'extraction plus modeste mais plus efficaces, officiers

chargés de le représenter. En 1184, il institue les baillis (Vermandois, Senlis, Orléans, Bourges, Sens) aux fonctions diverses (administrateurs, juges, chefs de police ou chefs militaires) et que contrôlent les prévôts du domaine royal. En 1185, il remplace Hugues de Puiset, puissant chancelier, par un simple « garde des sceaux » et, en 1191, supprime la charge de sénéchal laissée vacante par la mort du redoutable Thibaud de Blois. Il veille à une collecte soigneuse des revenus domaniaux et charge les Templiers de la gestion du Trésor royal. L'importance de ces revenus lui permet de doter Paris, dont il fait sa capitale et où la Cour s'installe, de rues pavées (1186), d'une nouvelle enceinte (1190-1210), de Notre-Dame et de l'Université (1200). Il fait aussi construire d'imposantes forteresses (le Louvre « médiéval », Dourdan, Issoudun, Gisors...) tandis que son armée compte, outre les troupes fournies par les vassaux, de nombreux mercenaires redoutables et disciplinés. Si ses relations avec le pape sont déplorables, surtout du fait de ses démêlés avec son épouse Ingeburge qu'il répudie, celles avec les évêques sont au contraire excellentes et il n'intervient guère dans les élections épiscopales.

Le règne de Philippe Auguste est marqué par de nombreuses croisades. Contre le catharisme, d'abord, cette hérésie apparue vers 1020 dans la région de Toulouse et qui a gagné les régions de Carcassonne, Albi, Toulouse, Agen... En effet, c'est en 1209 que débute l'expédition contre les cathares (ou albigeois) : elle s'achèvera sous le règne de Saint Louis, avec la

chute de Montségur, leur dernier refuge, en 1244. Et en Terre sainte se dérouleront les troisième, quatrième et cinquième croisades, respectivement de 1189 à 1192, de 1202 à 1204, de 1217 à 1221... Quant à la « Croisade des enfants » de 1212, elle avait mis sur les chemins de Jérusalem quelques centaines d'enfants (en France) et plusieurs milliers (en Allemagne). Sans préparation, sans armes, les plus chanceux purent atteindre les rives de la Méditerranée et revinrent affamés, mais beaucoup n'eurent pas cette chance et furent vendus comme esclaves en Egypte.
A sa mort, Philippe II Auguste est parvenu à faire de la France la principale puissance de l'Europe occidentale chrétienne. Il a hissé la dynastie capétienne au sommet de son prestige. Quant à l'autorité royale, elle est devenue à telle point incontestable qu'il n'a pas besoin de prévoir avant sa mort le couronnement de son héritier Louis VIII.

EPOUSES :

ISABELLE DE HAINAUT (OU DE FLANDRES)

(Lille 1170 - Paris 1190)

Descendante des Carolingiens, fille de Baudouin V, comte de Hainaut et de Flandre, elle épouse Philippe II en 1180 et l'archevêque de Sens la couronne à Saint-Denis. Elle est la mère du futur roi Louis VIII le Lion.

INGEBURGE (OU ISAMBOUR, INGEBORGE) DE DANEMARK

(1175 - Essonne 1236)

Fille de Valdemar, roi de Danemark, elle épouse Philippe

II en 1193 mais sera répudiée le lendemain de son mariage (pour non-consommation) et traînée de couvent en couvent. Tandis que le roi Canut de Danemark fait appel au pape, Philippe Auguste épouse Agnès de Méranie en 1196, mariage déclaré irrégulier par le concile de Dijon en 1199. L'interdit est alors jeté sur le royaume (interdiction de célébrer tout sacrement hormis le baptême). Philippe II se résigne en 1200 à reprendre comme épouse officielle Ingeburge qu'il maintient emprisonnée jusqu'en 1212. Malgré ses déboires, Ingeburge de Danemark fut donc reine de France depuis son mariage avec Philippe Auguste en 1193 jusqu'à la mort de ce dernier en 1223.

Agnès de Méranie (ou de Méran)

(V. 1172 - Poissy 1201)

Fille de Berthold, duc de Méranie (Tyrol), elle devient en 1196 la troisième épouse de Philippe II Auguste avant d'être répudiée en 1200, après que le pape Innocent III eut obligé le roi à reprendre sa seconde épouse Ingeburge de Danemark. Elle se serait laissée mourir de chagrin.

> 1223

Louis VIII le Lion (ou Cœur de Lion, de Montpensier)

(Paris 3-9-1187 - Montpensier en Auvergne 8-11-1226)

Fils de Philippe II et d'Isabelle de Hainaut, il est sacré à Reims en 1223 par l'archevêque Guillaume de

Joinville, sans avoir été précédemment associé à son père, comme il était de règle depuis l'avènement des Capétiens, ce qui montre que l'autorité royale était alors solidement assurée.

Son règne est marqué par de nombreux succès militaires, qui lui valent son surnom de « *Lion* ». Ainsi, il enlève, après une victoire sur Jean sans Terre (1167-1216) en 1214, le Poitou et une partie de la Saintonge, prend part en 1226 à la croisade prêchée par le pape Innocent III contre les hérétiques cathares et vaudois en Languedoc et contre les villes et les seigneurs qui les soutenaient. En 1226, le cardinal de Saint-Ange, légat de Honorius III, remet les domaines toulousains d'Henri de Montfort au roi Louis VIII, qui prend aussi Avignon et s'empare du Languedoc. Ce rattachement de la France nordique à la France méridionale deviendra effectif avec le traité de Meaux-Paris (1229) sous la régence de Blanche de Castille, entre Saint Louis et le comte de Toulouse Raymond VII.

Epouse :

Blanche de Castille

(Palencia 1188 - Paris 1252)

Fille d'Alphonse VIII, roi de Castille, et petite-fille d'Aliénor d'Aquitaine, elle épouse Louis VIII en 1200, est sacrée et couronnée à Reims en 1223. Elle donne au roi onze enfants dont Philippe (1209-1218), le futur roi Louis IX (1214-1270), Robert, comte d'Artois (?-1250), Jean, comte d'Anjou et du Maine (1219-1229), Alphonse, comte du Poitou (122-1271),

Charles, comte d'Anjou et de Provence, roi de Naples (1220-1285) et Isabelle (?-1270).
Reine de France de 1223 à 1226, puis régente de 1226 à 1234 et de 1249 à 1252, elle sera inhumée dans l'abbaye de Maubuisson.

> 1226

Louis IX (ou Saint Louis)

(Poissy 25-4-1214 - Tunis 25-8-1270)
Fils de Louis VIII et de Blanche de Castille, il est sacré roi à Reims en 1226 à 12 ans : sa mère exercera la régence jusqu'à 1236. Ce souverain, l'une des plus hautes figures de notre Histoire, joue dans la monarchie française un rôle capital. Sa politique est inspi-

Saint Louis.
Palais de Justice, Paris. Photo Hervé Champollion.

rée par les exigences d'une rigoureuse morale : il est le modèle du chevalier chrétien, alliant une foi parfois excessive et un grand souci de justice, un sens élevé de la diplomatie et une énergie exceptionnelle. Sa sagesse et sa fermeté lui valent le respect des Grands de toute l'Europe.

Outre des mesures d'ordre moral (contre l'usure et les Juifs accusés de la pratiquer, la prostitution et le blasphème), il poursuit une politique de renforcement du pouvoir monarchique et rationalise les structures administratives de son gouvernement. Cherchant à faire disparaître les abus et la corruption des agents royaux, il surveille baillis, sénéchaux et prévôts pour que les droits de chacun soient respectés. Il favorise la justice royale et crée le Parlement. Il fait élever la Sainte-Chapelle en 1246 pour y conserver un fragment de la croix du Christ et la couronne d'épines. Il favorise et patronne le collège fondé en 1257 par l'un de ses familiers, Robert de Sorbon : le pensionnat, destiné à loger et à faciliter les études à des étudiants pauvres, prendra par la suite le nom de « *Sorbonne* ». Il fonde plusieurs hôpitaux, dont les « *Quinze-Vingts* » en 1260 pour trois cents (15 x 20) chevaliers auxquels les Sarrasins avaient crevé les yeux.

Il achève la conquête du Languedoc entreprise par son père Louis VIII en obligeant Raymond VII, comte de Toulouse, à accepter l'annexion de l'Albigeois et de la plus grande partie du Languedoc, ainsi que des sénéchaussées de Béziers-Carcassonne et de Nîmes-Beaucaire. Mais ces conquêtes sont menacées par une

coalition dirigée par Hugues de Lusignan, comte de la Marche, et par Raymond VII, soutenus par le roi d'Angleterre Henri III... Vainqueur, Louis IX contraindra le comte de Toulouse à accepter le traité de Lorris en 1243 et à débarrasser ses terres de la résistance cathare, résistance définitivement brisée avec la prise du château de Montségur en mars 1244, après une année de siège. Louis IX signe avec Henri III le traité de Paris (4 décembre 1259) : la Normandie, la Touraine, le Maine, l'Anjou et le Poitou sont cédés à la France qui rend à l'Angleterre le Limousin, le Périgord, le Quercy, la Saintonge et l'Agenois.
Sous son règne se déroulent les sixième et septième croisades, respectivement de 1228 à 1229 et de 1248 à 1254. Il s'embarque pour cette dernière en 1249, à la suite d'un vœu prononcé pendant une longue maladie. Il prend alors Damiette en 1249, mais subit la défaite de Mansourah en février 1250 : fait prisonnier par les musulmans, il est libéré au bout d'un mois contre rançon mais décide néanmoins de rester à Saint-Jean-d'Acre auprès des chrétiens d'Orient, jusqu'à la mort de Blanche de Castille en 1252. Celle-ci, assurant la régence du royaume, avait dû faire face à la « *révolte des Pastoureaux* » en 1251 : il s'agissait de paysans qui avaient formé des bandes pour aller délivrer Louis IX en Egypte et renforcer les troupes de croisés alors défaites mais qui, très vite infiltrés par de nombreux voleurs et vagabonds, furent chassés et finirent par se livrer au pillage.
La huitième croisade, qui débute en 1270, sera fatale à Louis IX. Malgré les conseils du pape, les réticences

seigneuriales et sa santé médiocre, le roi avait l'intention de se rendre à Tunis dont il espérait convertir le sultan afin de le dresser ensuite contre le sultan d'Egypte. Les troupes royales, regroupées dans les environs marécageux et insalubres d'Aigues-Mortes, y contractent la maladie qui se déclare déjà durant la traversée. Les croisés parviennent cependant à prendre Carthage et à gagner Tunis. Le roi y mourra le 25 août 1270, non pas de la peste comme le dit la tradition, mais de dysenterie bacillaire. Il sera canonisé dès 1297 par le pape Boniface VIII.
Outre les provinces que lui avait données le traité de Paris en 1259, Saint Louis a réuni à la Couronne les comtés de Carcassonne, de Nîmes, la vicomté de Béziers (1229), les comtés du Perche (1240), de Mâcon (1245), de Boulogne (1261).

EPOUSE :
MARGUERITE DE PROVENCE
(1221 - Saint-Marcel près de Paris 1295)
Fille de Raymond Béranger IV, comte de Provence, elle épouse Louis IX en 1234. Reine de France de 1234 à 1270, elle donne naissance à onze enfants : Blanche (1240-1243), Isabelle (1241-1271), Louis (1244-1260), le futur roi Philippe III (1245-1285), Jean (?-1248), Jean Tristan, comte de Nevers (1250-1270), Pierre, comte d'Alençon, de Blois et de Chartres (1251-1284), Blanche (1252-1320), Marguerite (1254-1271), Robert, comte de Clermont (1256-1317) et Agnès (1260-1327).

> 1270

Philippe III le Hardi (ou le Doux, le Débonnaire)

(Poissy 1-5-1245 - Perpignan 5-10-1285)

Deuxième fils de Louis IX et de Marguerite de Provence, il est proclamé roi sous les murs de Tunis en 1270,

Philippe III le Hardi. Gisant.
Abbatiale de Saint-Denis. Photo Hervé Champollion.

alors que son père vient de décéder, victime de la dysenterie. Lui aussi est touché par l'épidémie mais sa jeunesse et sa robustesse lui permettent de surmonter la maladie. L'oncle du roi, Charles d'Anjou, ayant négocié une trêve avec l'ennemi, les croisés entreprennent le voyage du retour, au cours duquel la reine Isabelle d'Aragon meurt à son tour.

Sacré à Reims en 1271, Philippe III hérite la même année, à la mort d'Alphonse de Poitiers, frère de Saint Louis, du Poitou, de l'Auvergne, de la Saintonge, du Toulousain et de l'Albigeois, mais donne le Comtat Venaissain (exception faite d'Avignon) au pape Grégoire X. Cet héritage fait entrer dans le domaine royal la quasi-totalité du Midi aquitain. Il acquiert aussi Nemours (1274), le Perche, le comté d'Alençon et de Chartres (1284).

Il soutient Charles d'Anjou, roi de Sicile, dont les troupes avaient été massacrées lors des *Vêpres siciliennes*, le lundi de Pâques 1282, par les Siciliens révoltés contre l'occupation qu'ils subissaient. Pierre III d'Aragon, qui avait profité de ces « vêpres » pour s'emparer de la Sicile, est excommunié et son titre de roi d'Aragon est remis par le pape Martin VI à Philippe III. Celui-ci, pour récupérer les terres auxquelles il peut prétendre par sa nouvelle dignité, entreprend alors la « *croisade d'Aragon* » mais, après le succès de la prise de Gérone en septembre 1285, il perd sa flotte à Las Formigas en 1285. Son armée, forte de quelque 100 000 hommes, est décimée par la malaria ou le typhus, et il en meurt lui-même à Perpignan.

Epouses :

Isabelle d'Aragon

(1243 - 1271)

Fille de Jacques Ier, roi d'Aragon, elle épouse Philippe III le Hardi en 1262. Reine de France de 1270 à 1271, elle donne naissance à Louis (?-1276), au futur roi Philippe IV (1268-1314), à Charles, comte de Valois et d'Alençon (1270-1325) et Robert (?-mort en bas âge).

Marie de Brabant

(Louvain vers 1254 - Murel près de Nantes 1321)

Fille d'Henri III le Débonnaire, duc de Brabant, elle épouse Philippe III le Hardi en 1274. Reine de France de 1274 à 1285, couronnée à la Sainte-Chapelle de Paris en 1275, elle donne naissance à Louis, comte d'Evreux (?-1319), Marguerite (?-1317) et Blanche (?-1305).

> 1285

Philippe IV le Bel

(Fontainebleau 1268 - Fontainebleau 29-11-1314)

Fils de Philippe III et d'Isabelle d'Aragon, il est sacré à Reims en 1286. Il sera le premier roi de France à porter le titre de « *roi de Navarre* », titre qu'il doit à son mariage avec Jeanne de Navarre et qu'il ne peut porter que du vivant de sa femme.

Il montre une extrême clairvoyance dans le domaine de la politique extérieure en mettant fin à la guerre d'Aragon entreprise par son père (traité d'Agnani en 1295).

Philippe IV le Bel. Gisant.
Abbatiale de Saint-Denis. Photo Hervé Champollion.

Accueillant parmi ses conseillers des docteurs en droit romain et lui-même doué de grands talents d'administrateur, il poursuit la modernisation des institutions, vaste entreprise amorcée par ses prédécesseurs : le rôle de la Chancellerie, du Conseil royal, de la

Chambre des Comptes et du Parlement est renforcé, la gestion du Trésor, jusqu'alors confiée aux Templiers, est désormais assurée par des agents royaux, et le domaine royal s'enrichit du comté de la Marche (1303), d'Angoulême et de Bigorre (1307), de Lyon (1310).

Cependant, Philippe IV doit faire face au problème récurrent de l'approvisionnement du Trésor royal. A cette fin, il tente en vain d'établir une imposition directe et régulière sur le capital, les revenus ou par « *feu* » (familles). Mais la création d'impôts nouveaux étant évidemment mal perçue, il préfère faire usage d'expédients hasardeux. Les persécutions qu'il dirige ainsi contre les Lombards et les Juifs, jouant pourtant un rôle capital dans les finances royales et le commerce, lui permettent, après confiscation de leurs biens, de renflouer le Trésor royal. De plus, leur expulsion et leur arrestation lui valent une certaine popularité puisque les débiteurs se trouvent dégagés de leurs créditeurs et usuriers.

Autre solution de fortune pour relever les finances : l'altération de la valeur du cours de la monnaie, mesure déjà pratiquée et promise à un bel avenir. En 1301, l'évêque de Pamiers Bernard Saisset, qui contestait la souveraineté des Capétiens sur le Languedoc, accuse le roi d'être un « faux-monnayeur » car il frappait des monnaies contenant une valeur-or inférieure à leur valeur nominale : il est évidemment emprisonné. Le pape Boniface VIII sommera le roi de libérer son évêque, celui-ci relevant non de la justice royale mais des tri-

bunaux ecclésiastiques. Cette décision déclenchera l'attaque contre le Saint-Père en sa résidence d'Agnani, par une troupe armée aux ordres de Guillaume Nogaret, conseiller du roi de France. Fait prisonnier en 1303, le prélat ne survit pas au choc de sa détention. Suivra l'élection en 1305 d'un pape français, Bernard de Got. Jusqu'alors archevêque de Bordeaux, il est couronné pape à Lyon sous le nom de Clément V. Mais, prudent, il préférera installer la papauté en Avignon, propriété de la famille d'Anjou-Provence jusqu'à son rachat par Clément VI en 1348.
Sous le règne de Philippe IV, l'ordre des Templiers, longtemps banquiers de l'Europe et gestionnaires du Trésor royal depuis Philippe Auguste, est démantelé en 1307. Ses richesses, confisquées, viendront renflouer les finances royales et ses membres, arrêtés, seront accusés de mœurs obscènes, d'hérésie et d'idolâtrie. Le pape prononce finalement la dissolution de l'ordre le 3 avril 1312. Après sept années de procès, la plupart des Templiers sont envoyés en prison ou finissent au bûcher, tout comme leur grand maître, Jacques de Molay (1243-1314).
Les derniers mois du règne de Philippe IV sont entachés par « l'affaire » de ses brus : Marguerite de Bourgogne, Jeanne de Bourgogne et Blanche de Bourgogne, épouses des futurs rois Louis X, Philippe V et Charles IV sont accusées d'adultère et comparaissent devant un tribunal spécial en avril 1314. Marguerite et Blanche sont enfermées à Château-Gaillard : la première y mourra de mort violente en

1315, vraisemblablement étranglée sur ordre de son mari, la seconde devra accepter l'annulation de son mariage et finira ses jours à l'abbaye de Maubuisson. Jeanne enfin, reléguée pendant un an à Dourdan, acquittée par manque de preuves, se retirera jusqu'à sa mort à la Tour de Nesle, en face du Louvre.

EPOUSE :

JEANNE DE NAVARRE

(Bar-sur-Seine 1270 - Vincennes 1304)

Fille d'Henri Ier, roi de Navarre et comte de Champagne et de Brie, elle épouse Philippe IV le Bel en 1284. Reine de Navarre de 1274 à 1304 et reine de France de 1285 à 1304, elle donne naissance à sept enfants : le futur roi Louis X (1289-1316), Isabelle (1292-1357), Marguerite (avant 1294-morte jeune), le futur roi Philippe V (1293-1322), le futur roi Charles IV (1294-1328), Robert (1297-1308) et Blanche (?- ?).

> 1314

Louis X le Hutin* (ou le Méchin, le Noisieux, le Querelleur)

*** DE HUSTIN : BRUIT, QUERELLE**

(Paris 4-10-1289 - Vincennes 5-6-1316)

Fils aîné de Philippe le Bel et de Jeanne de Navarre, d'abord roi de Navarre, comte de Champagne et de Brie, il est sacré roi de France à Reims en 1315. Son règne est marqué par une situation économique difficile qui favorise une forte réaction féodale : dès

Louis X le Hutin. Gisant.
Abbatiale de Saint-Denis. Photo Hervé Champollion.

1314 en effet, à la mort de Philippe IV, des ligues s'étaient constituées en Champagne, en Picardie, en Bourgogne, Forez pour prôner le retour aux anciennes coutumes plus favorables aux seigneurs et pour s'opposer aux désordres monétaires et à la fiscalité imposés par le roi défunt en vue de renforcer les institutions royales. La petite noblesse, ruinée, supporte mal que les officiers royaux empiètent sur ses droits, amenuisant ses pouvoirs et ses ressources. Les Grands, menés par Charles de Valois, oncle de Louis X et frère de Philippe le Bel, hostiles au mode de gouvernement instauré par ce dernier, veulent à nouveau s'imposer dans les affaires du pays... Par ailleurs, une grave famine sévit en 1315 et 1317 dans le nord du royaume, entraînant dans la mort des milliers de sujets, accélérant la hausse des prix et engendrant un mécontentement général.

La fin du règne de Louis X s'achève par un grave problème de succession. En effet, le roi avait eu de son premier mariage une fille, Jeanne, mais aucun héritier mâle. De son second mariage devait naître Jean Ier, dit Posthume, qui ne vivra que quelques jours. Le problème de la succession se pose donc.

EPOUSES :

MARGUERITE DE BOURGOGNE

(1290 - Château-Gaillard 1315)

Fille de Robert II, duc de Bourgogne et d'Agnès de France, petite-fille de Louis IX, elle épouse Louis X le Hutin en 1305 et lui donne une fille, Jeanne (1311-1349). Compromise avec Jeanne de Bourgogne (femme du futur Philippe V) et Blanche de Bourgogne (femme du futur Charles IV), dans le « scandale des brus » de Philippe le Bel, elle comparaît devant un tribunal spécial en avril 1314 et sera enfermée à Château-Gaillard pour adultère. Elle y mourra de mort violente, vraisemblablement étranglée sur ordre de son mari.

CLÉMENCE D'ANJOU ET DE HONGRIE

(1293 - 1328)

Fille de Charles Ier, roi de Hongrie, elle devient l'épouse de Louis X en 1315, après la mort de sa première épouse emprisonnée à Château-Gaillard (1314). Sacrée à Reims, elle est reine de France de 1315 à 1316 et donne naissance à Jean Ier Posthume.

> 1316

Jean Ier Posthume

(Paris 14-11-1316 - Paris 19-11-1316)

Fils de Louis X et de Clémence de Hongrie, il est né le 14 novembre 1316, cinq mois après la mort de son père et décède le 19 novembre, âgé de cinq jours. A la mort du roi Louis X qui avait eu de son premier mariage une fille, Jeanne, mais aucun héritier mâle, il fallut attendre pour savoir si sa seconde femme, Clémence de Hongrie, enceinte de cinq mois, allait donner le jour à un fils ou à une fille. Le frère du roi défunt, Philippe le Long, comte de Poitou, s'était déclaré régent jusqu'à la naissance et on avait admis qu'il monterait sur le trône si une fille venait au monde. Mû par ses ambitions personnelles, il va, au bout des quatre mois qui suivirent, faire triompher le principe de l'exclusion des femmes. Pour cela, il va s'appuyer sur la loi salique et contester la légitimité de Jeanne dont la mère, Marguerite de Bourgogne, avait été condamnée pour adultère. Le 3 novembre 1316 naquit l'héritier Jean Ier dit le Posthume : il mourut quelques jours plus tard. Aussi le régent sera-t-il fortement soupçonné d'avoir protégé ses ambitions en provoquant la mort de l'héritier. Il pourra cependant s'emparer du titre de roi et se fera couronner en hâte à Reims le 11 janvier 1317, succédant à Jean Ier sous le nom de Philippe V.

> 1316
Philippe V le Long (ou le Grand, le Beau, le Borgne, le Débonnaire)

(Paris 1293 - Longchamp 3-1-1322)

Deuxième fils de Philippe IV le Bel et de Jeanne de Navarre, frère de Louis X, il est d'abord comte de Poitou, puis régent à la mort de Louis X en 1316, avant la naissance de son neveu Jean Ier qui ne vivra que cinq jours. Il monte sur le trône à la mort de celui-ci en 1316 et sera sacré à Reims en 1317.

Il fut le premier bénéficiaire de la règle de masculinité pour la succession au trône : l'assemblée des Grands ayant mis en avant le principe qu'aucune femme ne pouvait accéder au trône de France en vertu de la loi salique, sa nièce Jeanne sera écartée de la succession. En fait, Jeanne, demi-sœur de Jean Ier (fille de Louis X et de Marguerite de Bourgogne), pourtant plus âgée que lui, passait pour adultérine.

Remarquable administrateur, doté d'un grand sens du

Philippe V le Long. Gisant.
Abbatiale de Saint-Denis. Photo Hervé Champollion.

pouvoir, il reprend la politique de Philippe le Bel, tente d'imposer une monnaie commune dans l'ensemble du royaume malgré l'opposition des seigneurs méridionaux. Il centralise les institutions pour plus d'efficacité et réorganise l'Hôtel du Roi, le Parlement, la Chambre des

Comptes... Il crée en 1317 les milices non nobles, en faisant recenser par les baillis les manants aptes à porter les armes.

Le royaume connaît une crise économique qui se résorbe difficilement, engendrant la misère, la famine, les révoltes, les répressions violentes à l'encontre des Juifs et des Lombards, toujours désignés comme boucs émissaires en pareilles circonstances et dont les biens confisqués enrichissent le Trésor.

Victime de la dysenterie, Philippe V meurt en 1322, ne laissant que des filles. C'est son frère Charles IV qui automatiquement montera sur le trone : le principe de la masculinité était déjà admis et il sera définitivement entériné en 1328, à la mort sans descendance mâle de Charles, la couronne passant alors à Philippe VI de Valois, son cousin germain.

EPOUSE :

JEANNE DE BOURGOGNE

(1292 - Roye 1329)

Fille d'Othon IV, comte de Bourgogne, et de Mahaut, comtesse d'Artois, elle épouse Philippe V en 1307. Reine de France de 1316 à 1322, elle donne naissance à Louis (1316-mort à 7 mois), Jeanne, comtesse de Bourgogne et d'Artois (?-1347), Marguerite (1307-1382), Isabelle (?-1345), Blanche (?-1358).

Compromise en 1314 dans le « scandale des brus » de Philippe le Bel, avec Marguerite de Bourgogne (femme du futur Louis le Hutin) et Blanche de Bourgogne (femme du futur Charles IV), elle sera reléguée pendant un an à Dourdan. Finalement acquittée par manque de preuves, elle se retirera jusqu'à sa mort à la Tour de Nesle, en face du Louvre.

> 1322
Charles IV le Bel

(Clermont 1294 - Vincennes 1-2-1328)
Troisième fils de Philippe IV le Bel et de Jeanne de Navarre, comte de la Marche, il succède à son frère Philippe V le Long, mort sans héritier mâle, en vertu de la décision de 1317 qui avait adopté le principe d'exclure les femmes de la royauté. Il est sacré à Reims en 1322.
Pendant son règne, il maintiendra la domination royale sur les nobles, poursuivra le renforcement des administrations, surveillera les officiers de la Chambre des Comptes, du Parlement, des Requêtes, de la Chancellerie et réformera leurs offices. Comme ses prédécesseurs, il devra faire face à d'incessants problèmes financiers et recourir à des expédients de toutes sortes : impôts sur les marchandises, confiscation des biens des banquiers italiens, détournement des dîmes levées pour le financement des croisades...
Il meurt sans descendance mâle et sera le dernier roi de la dynastie des Capétiens directs sur le trône.

Epouses : Blanche de Bourgogne

(1296 - Maubuisson 1326)
Fille d'Othon IV, comte de Bourgogne, et de Mahaut, comtesse d'Artois, elle épouse Charles IV en 1307 et

Charles IV le Bel. Gisant.
Abbatiale de Saint-Denis. Photo Hervé Champollion.

lui donne Philippe (1314-mort jeune) et Jeanne (1315-1321). Mais elle est compromise en 1314, avec Marguerite de Bourgogne (femme de Louis le Hutin) et Jeanne de Bourgogne (femme de Philippe V) dans le « scandale des brus » de Philippe le Bel. Aussi sera-t-elle enfermée à Château-Gaillard. Le pape Jean XXII l'obligera à accepter, pour cause de parenté trop proche, l'annulation de son mariage lorsque son mari accédera au trône en 1322. Elle se retirera alors à l'abbaye de Maubuisson.

Marie de Luxembourg
(1305 - 1324)
Fille de l'empereur Henri VII, elle épouse Charles IV en 1322. Reine de France de 1322 à 1324, elle mourra en donnant naissance à Louis (1324-mort jeune).

Jeanne d'Evreux
(1310 - Brie-Comte-Robert 1371)
Fille de Louis, comte d'Evreux, elle épouse Charles IV. Reine de France de 1325 à 1328, elle donne naissance à Jeanne (1326-morte jeune), Marie (1327-1341) et Blanche (1328-1345).

Les Valois

La dynastie des Valois

Cette Maison dirige la France de l'avènement de Philippe VI en 1328 à celui d'Henri IV en 1589. Branche cadette de la dynastie capétienne, elle présente elle-même trois ramifications :

— les **Valois directs**, issus de Charles de Valois, frère cadet de Philippe IV le Bel, qui règnent depuis l'accession au trône de Philippe VI en 1328 jusqu'à la mort sans postérité de Charles VIII en 1498 ;

— les **Valois-Orléans**, issus de Louis Ier d'Orléans, second fils de Charles V. Louis XII est le seul représentant de cette branche qui occupera le trône de 1498 à 1515 ;

— les **Valois-Angoulême**, issus de Louis Ier d'Angoulême, qui accèdent à la couronne à la mort de Louis XII, avec François Ier, en 1515. Ils la conserveront jusqu'à la mort sans descendance d'Henri III en 1589.

Dès son accession au trône, la Maison de Valois se heurte aux épreuves de la guerre de Cent Ans : les défaites et l'occupation anglaise d'une partie du royaume amoindrissent son prestige, les grands feudataires contestent sa souveraineté, dangereusement menacée par la division du pays en factions opposant Armagnacs et Bourguignons. Mais l'épopée légendaire de Jeanne d'Arc (1412-1431) en 1429 fera renaître le sentiment patriotique qui permettra à Charles VII de repousser l'envahisseur anglais hors des frontières.

Tableau généalogique des Valois

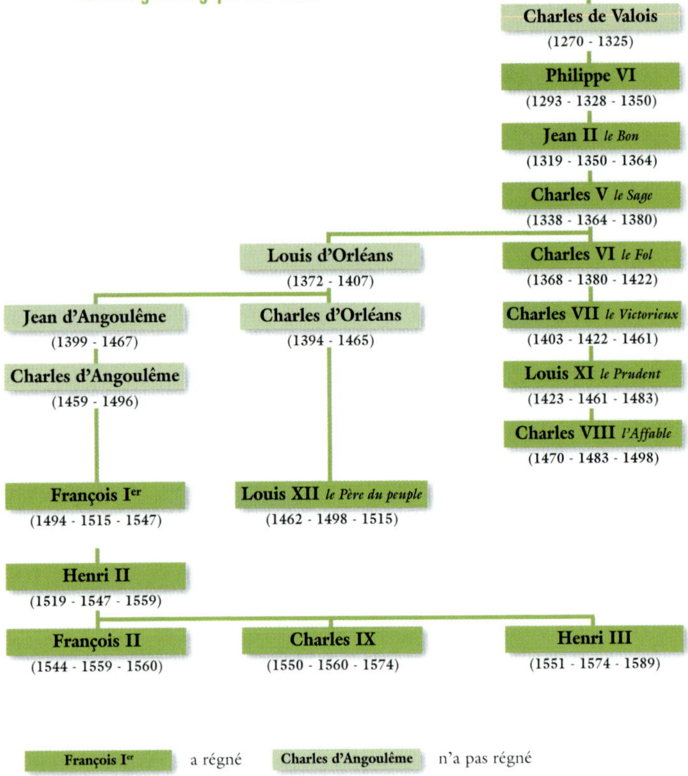

A partir de la fin du XVe siècle cependant, les Valois (dont Charles VII et Louis XI) parviennent à s'imposer aux grands féodaux et s'attachent, à travers le perfectionnement des institutions, à centraliser le pouvoir. La fin du XVIe siècle voit la continuité dynastique rompue : François II, Charles IX et Henri III, tous trois frères, se succèdent sur le trône de France mais, comme les derniers Capétiens directs, Louis X, Philippe V et Charles IV, ils meurent sans avoir d'héritier mâle. C'est la fin de leur dynastie qui laisse un pays où catholiques et huguenots s'opposent dans des luttes meurtrières, et qui s'éteint en 1589 avec l'assassinat d'Henri III, le dernier Valois.

Le bilan de cette dynastie n'est pourtant pas si négatif car certains Valois furent particulièrement admirés en Europe. Grands amateurs d'art, leur rayonnement fut surtout d'ordre culturel. Charles V, lettré passionné de bibliophilie, rassembla de nombreux manuscrits et créa l'une des plus importantes bibliothèques d'Occident. Charles VIII et Louis XII, malgré leurs défaites pendant les guerres d'Italie, introduisirent en France le goût des raffinements de la Renaissance, dont François Ier et Henri II se feront les promoteurs.

De tous les Valois, c'est d'ailleurs François Ier qui exercera l'influence la plus importante. En dépit des difficultés engendrées par les guerres d'Italie et par une lutte quasi constante contre l'empereur germanique Charles Quint, il entretient une Cour brillante que lui envie toute l'Europe. Grand collectionneur d'œuvres d'art, il protège et encourage les meilleurs artistes de l'époque. Bâtisseur infatigable, il fait construire des châteaux exceptionnels, dont les plus remarquables, Chambord et Fontainebleau, inspirent tous ceux qui dans le royaume avaient les moyens de bâtir.

Les rois Valois

Rois Valois directs

> 1328

Philippe VI (ou le Vrai Catholique, le Fortuné, le Roi salique, le Roi trouvé)

(1293 - Nogent-le-Roi 22-8-1350)

Fils de Charles de Valois (troisième fils de Philippe le Hardi et d'Isabelle d'Aragon) et de Marguerite de Sicile, il est comte de Valois, d'Anjou, d'Alençon, de Chartres et du Perche, roi d'Aragon et de Valence, empereur de Constantinople par son mariage avec Catherine de Courtenay. Régent à la mort de Charles IV en 1328 alors que la reine Jeanne d'Evreux est enceinte, il pourra monter sur le trône de France à la naissance de l'enfant puisque c'est une fille, Blanche. Il est donc sacré à Reims en 1328 et installe sur le trône de France la dynastie des Valois, qui régnera quelque deux cent soixante années.

Il charge la Chambre des Comptes de « *faire écrire tous les feux du royaume* » afin de lever efficacement des impôts. Ce recensement a dénombré 469 990 foyers environ répartis sur 23 700 paroisses. Il nous permet d'évaluer la population de l'époque à quelque 13 à 15 millions d'habitants, faisant alors de la France l'un des États les plus peuplés de tout l'Occident.

Son règne voit débuter la guerre de Cent Ans. La première bataille de Philippe VI contre Edouard III d'Angleterre, qui revendiquait le trône de France, fut

Philippe VI de Valois.
Châteaux de Versailles et Trianon. Photo RMN - Gérard Blot.

une défaite au cours de laquelle le Valois perdit sa flotte, coulée à L'Ecluse en 1340. Puis, après une période de trêve, les hostilités reprendront, donnant l'avantage à Edouard III, dont les archers anéantissent la chevalerie française à Crécy en 1346.

Face à une situation économique catastrophique essentiellement due aux dépenses de guerre, le roi réunit les États généraux (1346-1347) à Paris et à Toulouse : des « aides » (impôts exceptionnels) sont votées et la gabelle, taxant le sel dans certaines provinces, est étendue à tout le royaume en 1341...

A la fin du règne de Philippe VI, la « peste noire » (bubonique) ou « *Grande Peste* » frappe le pays : entre 1347 et 1348, l'épidémie touchera près de la moitié de la population française. Outre les morts dues à la maladie, elle entraîne un effondrement des structures sociales et économiques du royaume : la population active étant insuffisante pour exploiter les terres ou travailler à l'artisanat, la famine sévit et le commerce s'écroule ; les villes et les campagnes perdent une grande partie de leurs habitants.

Malgré ces circonstances extrêmement difficiles, le domaine royal s'agrandit des comtés de Champagne, de Brie, de Valois, d'Anjou, du Maine (1328), de Chartres (1329), du dauphiné du Viennois, du comté de Montpellier (1349).

EPOUSES :

CATHERINE DE COURTENAY

(1274 - 1307)

Fille de Philippe de Courtenay, empereur de Constantinople, et de Marguerite d'Anjou et de Sicile, elle épouse Philippe VI en 1301.

Jeanne de Bourgogne

(1293 - 1349)

Fille de Robert II, duc de Bourgogne, elle épouse Philippe VI de Valois en 1313. Reine de France de 1328 à 1348, elle donne naissance à Jean II, duc de Normandie et futur roi (1319-1364), Marie (?-1333), Louis (1328-1328), Louis (1330-1330) et Philippe, duc d'Orléans et de Touraine (1336-1375).

Blanche de Navarre

(1330 - 1398)

Fille de Philippe III d'Evreux, roi de Navarre, elle épouse Philippe VI de Valois en 1349. Elle avait alors trente-sept ans de moins que lui. Reine de France de 1349 à 1350, elle donne naissance à Jeanne (1351-1371).

> 1350

Jean II le Bon (ou le Brave)

(Château du Gué de Maulny près du Mans 26-4-1319 - Londres 8-4-1364)

Fils aîné de Philippe VI et de Jeanne de Bourgogne, il est duc de Normandie (1332), duc de Guyenne (1345) et sera sacré roi à Reims en 1350. Son règne est marqué par deux conflits, l'un l'opposant aux États provinciaux et à la bourgeoisie parisienne, l'autre à son gendre, Charles le Mauvais (1332-1387), roi de Navarre, que soutient l'Angleterre.

D'une part en effet, les États provinciaux lui reprochent ses prodigalités nullement modérées par de

Jean II le Bon.
Musée du Louvre.
Photo RMN - J.-G. Berizzi.

graves difficultés économiques (sous son règne, la monnaie sera dépréciée de près de 70 % de sa valeur !). Réunis à Paris en octobre 1356, ils lui contestent les ressources qu'il réclame pour son gouvernement et votent la « *Grande Ordonnance* » en 1357 limitant les pouvoirs royaux et établissant un contrôle sur l'administration royale. Ils réclament plus particulièrement l'allégement de la fiscalité et l'assainissement de la monnaie.

Leur opposition est dirigée par Etienne Marcel (1316-1358), grand bourgeois né d'une puissante famille de marchands drapiers et prévôt des marchands de Paris. Appuyé par Charles le Mauvais, il se rendra maître des rues de la capitale en 1358 pour quelques mois. Jean II ayant été fait prisonnier et détenu en Angleterre à la suite d'un conflit l'opposant à Philippe de Navarre (frère de Charles le Mauvais), c'est le dauphin, futur Charles V, qui assure la régence. Il réunit autour de Paris une armée, dont les exactions suscitent en 1358 l'exaspération des paysans qui multiplient les jacqueries en Ile-de-France, dans le Valois, la Plaine de France, le Beauvaisis, la Brie et débordent même sur la Champagne, la Lorraine, la Beauce et la Normandie.

D'autre part, Jean II montre une grande maladresse dans ses choix politiques. Il s'acquiert l'inimitié des lignages les plus influents du royaume en faisant sommairement exécuter le connétable Raoul de Brienne en 1350 et se brouille avec son gendre, Charles le Mauvais : ce dernier fera assassiner en 1354 Charles

de la Cerda, connétable et favori du roi. Jean II fera arrêter Charles le Mauvais à Rouen et l'emprisonnera à Château-Gaillard en 1356.
La même année, Jean II, fait prisonnier à Poitiers avec cinq princes de son sang, est emmené en Angleterre. Il signe à Londres en 1359 un traité le libérant au prix de lourds sacrifices que lui refuseront les États de Paris. Sa libération est donc renégociée (traité de Brétigny) en 1360 : après quatre ans et un mois de captivité, le roi pourra enfin rentrer en France en promettant de payer une rançon fixée à trois millions d'écus d'or et en cédant à Edouard III les villes de Calais et de Montreuil, les comtés de Guines et de Ponthieu, le Poitou, la Saintonge, le Périgord, le Quercy, l'Angoumois et la Bigorre. De plus, il devra laisser en Angleterre une quarantaine d'otages dont ses deux fils et son frère, Philippe d'Orléans. Mais l'un de ses fils, Louis d'Anjou, s'enfuira, manquant à sa parole et la rançon ne sera pas entièrement payée : le roi devra donc retourner en captivité à Londres où il décédera en 1364.

Epouses :

Bonne de Luxembourg (ou de Bohême)

(1315 - 1349)

Fille de Jean Ier l'Aveugle, roi de Bohême, elle épouse Jean II en 1332 et donne naissance à neuf enfants : le futur roi Charles V (1338-1380), Louis Ier, duc d'Anjou (1339-1384), Jean, duc de Berry (1340-1416), Philippe II le Hardi, duc de Bourgogne (1342-

1416), Jeanne de France (1343-1373), Marie (1344-1404), Agnès (1345-1349), Marguerite (1347-1356), Isabelle (1348-1372).

Jeanne de Boulogne (ou d'Auvergne)
(1320 - 1361)
Fille de Guillaume XII, comte de Boulogne et d'Auvergne, elle épouse Philippe de Bourgogne, comte de Nevers puis, veuve en 1345, Jean II le Bon en 1350. Elle est reine de France de 1350 à 1361.

> 1364
Charles V le Sage (ou le Savant, le Riche)

(Vincennes 22-1-1338 - Nogent-sur-Marne 16-9-1380)
Il est le fils aîné de Jean II le Bon et de Bonne de Luxembourg. Duc de Normandie, lieutenant général du royaume (1356), régent pendant la captivité à Londres de son père Jean II, il est sacré à Reims en 1364. Il sera le premier roi à porter le titre de dauphin du Viennois (Humbert II de la Tour du Pin avait cédé ce titre, avec son fief, à Philippe IV, en 1349, en stipulant que tous les fils aînés de France devraient les posséder à leur naissance).
Après la défaite de Poitiers en 1356, son père retenu prisonnier par les Anglais, Charles V assure la régence, affrontant une situation politique, économique et sociale déplorable. Le pays est ruiné par la rançon du roi, ravagé par les guerres et par les Grandes Compagnies, constituées de mercenaires sans emploi et se livrant au pillage pour vivre. Charles V doit par ailleurs faire

Charles V
Galerie des Illustres - Château de Beauregard.
Photo Hervé Champollion.

face aux prétentions politiques des États généraux, à la rébellion parisienne menée par le prévôt des marchands Etienne Marcel (1316-1358), à une jacquerie des paysans d'Ile-de-France contre les propriétaires et les créanciers, à l'hostilité permanente de son cousin et beau-frère, Charles le Mauvais, roi de Navarre. Il obtient la libération de son père (traité de Brétigny en 1360). Le répit procuré par ce traité lui permet de restructurer le royaume. Il pacifie le pays, met fin aux rapines et au brigandage des Grandes Compagnies. Des impôts indirects (aides, gabelle) et directs (fouages) sont levés pour lui donner les ressources nécessaires à son action. Les finances assainies, il peut se doter d'une artillerie et d'une marine, réorganiser son armée, restaurer les enceintes urbaines et les forteresses du royaume. Se défiant des princes et des grands féodaux, il s'entoure surtout de petits seigneurs provinciaux, d'hommes de robe et de bourgeois dont les compétences et la sagesse redonnent une grande partie de son prestige à la Couronne. C'est ainsi qu'il place à la tête de son armée des capitaines de petite noblesse, dont le Breton Bertrand Du Guesclin (1320-1380) avec qui il impose la paix à Charles le Mauvais. Mais, à la fin de son règne, la pression fiscale, trop forte, provoque résistance et révoltes.

Charles V, entouré de théoriciens et de penseurs, a une approche intellectuelle des problèmes politiques. Il suscitera chez ses contemporains une certaine admiration sur le plan culturel : sous son règne, la bibliothèque royale, qui passe à l'époque pour l'une des plus remarquables d'Occident, s'enrichit de nombreux ouvrages qu'il fait traduire du latin. Et, s'il fait construire le Louvre, la Bastille et la sainte-chapelle de Vincennes, ce n'est pas seulement pour des raisons politiques, mais aussi parce qu'il est particulièrement sensible aux arts et aux fastes.

A sa mort, le royaume s'est agrandi du comté d'Auxerre (1365), des duchés de Valois et d'Orléans (1375), du comté de Ponthieu (1380) et seules restaient aux

Anglais les villes de Calais, Cherbourg, Brest, Bordeaux et Bayonne.

EPOUSE :

JEANNE DE BOURBON

(1338 - 1377)

Fille de Pierre Ier, duc de Bourbon et d'Isabelle de Valois, elle épouse Charles V en 1350. Reine de France de 1364 à 1377, elle donne naissance à huit enfants, dont le futur roi Charles VI (1368-1422) et Louis, duc d'Orléans (1372-1407), grand-père du futur roi Louis XII.

> 1380

Charles VI le Fol (ou le Bien-Aimé, l'Insensé)

(Paris 3-12-1368 - Paris 21-10-1422)

Fils aîné de Charles V et de Jeanne de Bourbon, il est sacré à Reims en 1380 mais ses oncles, les ducs de Bourgogne, de Berry, de Bourbon et d'Anjou, détiennent le pouvoir jusqu'en 1388 et en tirent un maximum de profit, vidant le Trésor et suscitant le mécontentement de la population en levant de nouveaux impôts.

En 1381 éclate ainsi, en Languedoc et en Poitou, la révolte des « *Tuchins* », réprimée par le duc de Berry. Puis en 1382 et 1383 éclate une émeute contre les impôts, notamment à Rouen et à Paris, où les insurgés s'arment des maillets en plomb (d'où leur surnom de « *Maillotins* »). La répression sera sévère, la prévôté des marchands supprimée et le dernier prévôt, Jean de Marès, exécuté.

Charles VI. Gisant.
Abbatiale de Saint-Denis. Photo Hervé Champollion.

Majeur en 1388, Charles VI prend le gouvernement du pays en main, éloigne ses oncles et rappelle au gouvernement les anciens conseillers de son père, les « *Marmousets* » (du nom de sculptures représentant des figures grotesques et grimaçantes). Appuyés par le connétable de Clisson, ils forment un « grand conseil » soucieux de gagner l'adhésion des sujets, promul-

guent des ordonnances réformant l'administration royale et rétablissent la prévôté des marchands.
Mais Charles VI est victime d'une première crise de folie en 1392 : il souffrira désormais d'une maladie mentale alternant des crises de violence et de dépression avec des périodes de lucidité durant lesquelles il tente de reprendre le pouvoir et d'instaurer une politique de paix. Et à la faveur de la maladie du roi, les ducs de Bourgogne et de Berry, son frère le duc Louis d'Orléans se déchirent à nouveau le pouvoir.
En 1407, le duc de Bourgogne Jean sans Peur, ayant commandé l'assassinat du duc d'Orléans qui s'était emparé de la régence, prend lui-même le pouvoir, déclenchant une longue guerre civile opposant Armagnacs (parti d'Orléans) et Bourguignons (partisans des ducs de Bourgogne), ce dont Henri V d'Angleterre profitera pour infliger à la France la défaite d'Azincourt en 1415... Jean sans Peur ayant été assassiné lors d'une tentative de rapprochement avec les Armagnacs, le nouveau duc de Bourgogne, Philippe le Bon, s'allie avec les Anglais. Il signe en 1420 le traité de Troyes, livrant la France aux Anglais (Henri V d'Angleterre devait devenir roi de France à la mort de Charles VI dont il aurait épousé la fille)... Charles VI le Fol mourra relégué à l'Hôtel Saint-Pol, en 1422.

Epouse :

Isabeau (ou Isabelle) de Bavière

(Munich 1371 - Paris 1435)

Fille d'Etienne II, duc de Bavière-Ingolstadt, elle épouse

Charles VI en 1385 et donne naissance à Charles VII le Victorieux. Reine de France de 1385 à 1422 puis chef du conseil de régence de 1392 à 1422, pendant la maladie du roi, elle donne naissance à Charles (1386-1386), Jeanne (1388-1390), Isabelle (1389-1409), Charles, duc de Guyenne (1392-1401), Marie (1393-1438), Michèle (1395-1422), Louis, duc de Guyenne (1397-1415), Jean, duc de Touraine et de Berry (1398-1417), Catherine (1401-1438), Charles, comte de Ponthieu (1403-1461), qui deviendra Charles VII et Philippe (1407-1407).

> 1422
Charles VII le Victorieux (ou le Roi de Bourges, le Bien-Servi)

(Paris 22-2-1403 - Mehun-sur-Yèvre 22-7-1461)
Cinquième fils de Charles VI et d'Isabeau de Bavière, il est comte de Ponthieu, puis duc de Touraine et de Berry, dauphin (1417), régent (1418). Il est couronné roi à Poitiers en 1422 et sacré à Reims en 1429 par son chancelier, l'archevêque Renaud de Chartres. Mais il n'est reconnu roi de France que par les Armagnacs, Henri VI d'Angleterre ayant été proclamé roi de France à la mort de son père Henri V en 1422… Charles VII doutera pendant sept ans de la légitimité de sa naissance et se défend sans grande conviction contre le duc de Bedford, régent anglais, qui, entre 1422 et 1435, gouverne le royaume au nord de la Loire. Réfugié en Touraine et en Berry, Charles VII voit donc la plus grande partie de son

Charles VII.
Galerie des Illustres - Château de Beauregard.
Photo Hervé Champollion.

royaume dominée par les Anglais, et son pouvoir ne s'étend qu'à une petite partie de la France aux maigres finances et dépourvue d'une armée véritable : Berry, Poitou, Auvergne, Limousin, Touraine et Anjou. Par dérision, les Anglais le surnomment le « *petit roi de Bourges* »…

Prenant la fuite devant les Anglais qui assiègent Orléans en 1428, Charles VII semble renoncer définitivement à la couronne. Le 25 février 1429 pourtant, il reçoit une toute jeune fille de 17 ans, Jeanne d'Arc (1412-1431), née à Domrémy, en Lorraine. Des voix célestes, qu'elle reconnaît pour être celles de saint Michel, sainte Catherine et sainte Marguerite, l'ont conduite jusqu'à Chinon pour rassurer le roi sur sa légitimité et l'exhorter à résister à l'envahisseur.

Après avoir persuadé le roi de lui confier le commandement d'une armée, celle qu'on appelle la « *Pucelle* » délivre, le 8 mai 1429, Orléans, assiégée depuis sept mois par les Anglais. Elle les vaincra encore à Patay le 18 juin 1429, puis à Auxerre, Troyes, Châlons et Reims où elle fait sacrer le roi le 17 juillet. Le peuple voit dans cet enchaînement de victoires un jugement de Dieu reconnaissant la légitimité de Charles VII, tandis que naît dans le royaume l'idée de nation. Une reconquête méthodique est alors entreprise pour libérer le pays des garnisons anglaises : la victoire de Castillon, près de Bordeaux, le 19 octobre 1453, mettra un terme au long conflit franco-anglais et le royaume sera enfin débarrassé de l'occupant, hormis Calais que les Anglais garderont jusqu'en 1558.

Mais entre-temps, la « *Pucelle* », capturée en 1430 par les Bourguignons, a été livrée aux Anglais. Jugée par un tribunal ecclésiastique présidé par l'évêque de Beauvais Pierre Cauchon (1371-1442), elle a été brûlée vive sur la place du Vieux-Marché à Rouen le

30 mai 1431. Le « *petit roi de Bourges* », qui avait réussi grâce à elle à « *bouter les Anglais hors de France* », ne tentera pourtant aucune intervention en sa faveur.

Avec le concours de son grand argentier Jacques Cœur (1395-1456), Charles VII développe le commerce dans le sud du royaume, affirme la présence commerciale de la France en Méditerranée, rétablit durablement les institutions financières. En 1439, la Grande Ordonnance supprime les armées seigneuriales au profit des seules troupes relevant désormais du roi et entretenues en temps de paix comme en temps de guerre par un impôt permanent. En 1440, les nobles, qui n'admettent pas la suppression de leurs armées, se révoltent : c'est la Praguerie, à la tête de laquelle se trouve le dauphin, futur Louis XI.

Avec le connétable de Richemont (1393-1458), Charles VII parviendra à mater la rébellion mais il restera cependant un roi influençable, souvent dominé par ses favoris : le connétable Arthur III, comte de Richemont, le grand chambellan Georges La Trémoille (1382-1446), ainsi que par sa maîtresse, Agnès Sorel (v. 1422-1450), dite la « *dame de Beauté* » car le roi lui avait donné le château de Beauté-sur-Marne. Ayant gardé de sa jeunesse à Paris de pénibles souvenirs, il confiera la tutelle de la capitale à des officiers royaux et continuera de préférer ses châteaux de Touraine et du Berry. Son règne, qui voit la libération du royaume de l'emprise anglaise et un redémarrage de l'activité économique jusqu'alors sapée par les épidémies, le brigandage et la guerre, établit pourtant une monarchie plus forte qu'elle ne l'a jamais été, à la charnière du système médiéval et de la monarchie absolue, dont François Ier devait se faire l'artisan un demi-siècle plus tard.

EPOUSE :

MARIE D'ANJOU

(1404 - Châtellier, Poitou 1463)

Fille de Louis II, duc d'Anjou et roi de Naples et de Sicile, de Jérusalem, elle épouse Charles VII en 1422. Reine de France de 1422 à 1461, elle donne naissance au futur roi Louis XI (1423-1483), à Catherine (1439-1466), Jacques (1432-1437), Philippe (1436-1436), Marguerite (1437-1438), Jeanne (1438-1446), Marie (1438-1439), Yolande (1434-1478), Jeanne (1434-1482), Madeleine (1443-1486) et Charles, duc de Berry, de Normandie, de Guyenne (1446-1472).

> 1461

Louis XI le Prudent (ou l'Universelle Araigne*)

*** ARAIGNÉE**

(Bourges 3-7-1423 - Plessis-lez-Tours 30-8-1483)

Fils de Charles VII et de Marie d'Anjou, il se révolte très jeune contre son père, dont il convoite le trône, en participant à la Praguerie de 1440. Charles VII lui pardonnera et la même année le nommera gouverneur du Dauphiné. Ambitieux, il se rebelle une seconde fois en 1455 mais doit prendre la fuite devant

La France à la mort de Louis XI.

l'armée royale et se réfugie auprès de Philippe II, duc de Bourgogne… Son goût pour les intrigues, son ambition et ses velléités de pouvoir, son hostilité à l'égard d'Agnès Sorel (1422-1450), maîtresse de son père, l'écartent alors de la confiance paternelle.

Le royaume dont il hérite en 1461, à la mort de son père, est un royaume exsangue à l'issue de la guerre de Cent Ans. Louis XI est sacré à Reims la même année mais la noblesse se fait virulente : elle sent son pouvoir menacé, à juste titre d'ailleurs, puisque le roi entend briser sa puissance et congédie les conseillers de son père (Dunois, Brézé, Chabannes, Bueil...). La Ligue du Bien public (1465) réunira contre lui ses principaux adversaires : en premier lieu son propre frère, le duc Charles de Berry, et encore les ducs de Bretagne, de Bourbon et, surtout, son plus puissant vassal, Charles le Téméraire (1433-1477), duc de Bourgogne. Le 16 juillet 1465, les coalisés défient l'armée royale aux portes de Paris, à Montlhéry, et prennent l'avantage : le roi doit négocier (traité de Conflans-l'Archevêque en octobre 1465). Mais il reprend pourtant la Normandie à son frère puis s'engage dans une longue guerre au cours de laquelle il soumettra les rebelles les uns après les autres, de gré ou de force. Le conflit ne s'arrêtera réellement qu'avec la mort en 1477 de Charles le Téméraire, dont les possessions (la Bourgogne, la Franche-Comté, le Boulonnais, l'Artois et la Picardie) seront rattachées à la Couronne. Pour centraliser le pouvoir, Louis XI s'applique à museler les principaux corps politiques et administratifs et à les mettre au pas. Ainsi dessaisit-il souvent le parlement de Paris d'importants procès qu'il confie au Grand Conseil dont il nomme lui-même les membres. Il intervient même dans le recrutement épiscopal, ce qui lui permet de contrôler le clergé. Souverain réputé cruel, superstitieux, dévot, machiavélique, il est redouté pour sa sévérité excessive (emprisonnement du cardinal La Ballue, exécutions du comte d'Armagnac et du connétable de Saint-Paul).

Conscient que la puissance d'un État passe par sa prospérité économique, il assainit les finances et augmente

les impôts, ce qui lui permet de poursuivre la réorganisation de l'armée royale entreprise par son père. Surtout, il développe l'industrie et le commerce, tant sur le plan national qu'international. Il encourage la spécialisation agricole des régions (chanvre dans l'Ouest, pastel en Languedoc, lin dans le Nord...). Il introduit dans le royaume des activités économiques nouvelles (installant par exemple des ouvriers italiens spécialisés dans la fabrication de soieries à Lyon et à Tours), développe les foires (Lyon 1463, Caen 1470), perfectionne les communications en organisant des relais de poste sur les plus grandes routes du royaume. L'activité commerciale est d'autant plus favorisée que le roi a rétabli l'ordre dans le pays, qu'il a ramené la sécurité sur les routes et qu'il limite les péages qui grèvent les transactions.
Au cours de son règne, il a augmenté le royaume de la Cerdagne et du Roussillon (1463), des duchés de Berry (1465), de Normandie (1468), de Guyenne (1474), du duché de Bourgogne et des comtés de Boulogne, de Padirac et de la Marche (1477), du duché d'Anjou (1480), des comtés du Maine et de Provence (1481). Il a aussi racheté au duc de Bourgogne Philippe le Bon en 1463 les villes de Saint-Quentin, Amiens, Abbeville, Péronne et Corbie.

Epouses :

Marguerite d'Ecosse (ou Stuart)

(1425 - Châlons-en-Champagne 1445)
Fille de Jacques Ier, roi d'Ecosse, elle épouse Louis XI en 1436.

Charlotte de Savoie

(1445 - 1483)

Fille de Louis Ier, prince du Piémont et duc de Savoie, elle épouse Louis XI en 1451. Reine de France de 1461 à 1483, elle donne naissance à Louis (?-1458, en bas âge), Joachim (1459-mort en bas âge), le futur roi Charles VIII (1470-1498), François, duc de Berry (1472-1473), Louise (1461-morte en bas âge), Anne, dite dame de Beaujeu (1461-1522) et Jeanne (1464-1505).

> 1483
Charles VIII l'Affable (ou le Bon Roi)

(Amboise 30-6-1470 - Amboise 7-4-1498)

Fils de Louis XI et de Charlotte de Savoie, il accède au trône à la mort de son père et est sacré à Reims en 1484. Sa sœur Anne de Beaujeu, dite Anne de France, exercera la régence que lui avait confiée Louis XI jusqu'au second mariage de Charles avec Anne, héritière du duché de Bretagne, en 1491. C'est précisément contre le gouvernement d'Anne de Beaujeu que sera dirigée la révolte des Grands appelée la « *guerre folle* » (1485-1488). Mais la régente en gardera une constante et grande influence sur le roi.
Signant avec les rois d'Angleterre et l'empereur d'Autriche les traités d'Etaples (1492), de Senlis (1493) et de Barcelone (1493), Charles VIII rétablit une paix qui lui permet d'entreprendre la première campagne d'Italie (1494) justifiée par d'hypothétiques droits sur la Couronne du royaume de Naples. Cette première

Charles VIII.
Galerie des Illustres - Château de Beauregard.
Photo Hervé Champollion.

expédition débute par une longue série de victoires : les Français apparaissent dans un premier temps comme des libérateurs, dégageant Rome, Florence et Naples de véritables tyrannies. Mais rapidement, ils sont ressentis comme des occupants dont les Italiens souhaitent se débarrasser au plus vite. Après la bataille de Fornoue (1495), Charles VIII doit regagner la France et perd ses dernières places italiennes l'année suivante.

Les Français ont cependant découvert en Italie une civilisation raffinée et brillante. Ils en ramèneront de remarquables collections dérobées à Rome et à Florence, trésors de guerre inestimables qui feront connaître en France l'Antiquité et la Renaissance italienne.
Charles VIII envisageait une nouvelle expédition au-delà des Alpes lorsqu'il décède après avoir heurté le linteau d'une porte basse au château d'Amboise en 1498.

EPOUSES :
MARGUERITE D'AUTRICHE
(1480 - 1530)
Fille de l'empereur Maximilien Ier, élevée à la cour de France, elle épouse Charles VIII en 1483. Mais son mariage sera annulé et elle devra retourner chez son père en 1493. Plus tard, en 1497, elle épousera l'infant d'Espagne Juan, puis le duc Philibert de Savoie, en 1501.

ANNE DE BRETAGNE
(Nantes 1477 - Blois 1514)
Fille de François II, duc de Bretagne, et de Marguerite de Foix, elle est duchesse de Bretagne, comtesse de Montfort et d'Etampes. D'abord promise à l'empereur germanique Maximilien Ier, elle épouse Charles VIII en 1491, ce qui permet de rattacher la Bretagne à la Couronne.
Mal acceptée par sa belle-sœur Anne de Beaujeu, elle admet difficilement les restrictions autoritaires que

Charles VIII impose à sa province natale. Elle donne à époux six enfants : Charles-Orland (1492-1495), X (mort-né en 1493), X (mort-né en 1495), Charles (1496-1496), François (mort-né en 1497) et Anne (mort-née en 1498).

Devenue veuve, elle se remarie avec Louis XII en 1499. Elle est duchesse de Bretagne de 1488 à 1514 et sera reine de France de 1491 à 1498 par son mariage avec Charles VIII, puis de 1499 à 1514, avec Louis XII.

Rois Valois-Orléans

> 1498
Louis XII le Père du Peuple (ou le Juste)

(Blois 27-6-1462 - Paris 1-1-1515)

Fils de Charles d'Orléans et de Marie de Clèves, duc d'Orléans (1456), il est le cousin de Charles VIII qui, mort après tous ses enfants, lui laisse le trône. Il est austèrement élevé par Louis XI qui l'oblige à épouser sa fille maladive Jeanne. Ce mariage sera annulé par le pape Alexandre VI Borgia et il épousera alors Anne de Bretagne : ainsi, le duché acquis par Charles VIII restera-t-il dans le domaine royal... Par ailleurs, il réunit à la Couronne les duchés d'Orléans et de Valois en 1498.

Ayant participé avec Charles VIII à la première campagne d'Italie, Louis XII déclenche une seconde expédition transalpine (1498-1500) : il revendique Milan dont il prétend hériter par sa grand-mère Valentine

Louis XII.
Galerie des Illustres - Château de Beauregard.
Photo Hervé Champollion.

Visconti et reprend à son compte les prétentions de Charles VIII sur Naples. En 1500, il réussit à conquérir le Milanais dont il emprisonne le duc, Ludovic Sforza le More qui mourra à Loches en 1508. Devenu maître de la plus grande partie de l'Italie, il conforte ses positions durant la troisième campagne (1500-1504). La quatrième campagne d'Italie (1508-1513) ne lui sera cependant guère favorable : chassé de

Naples par Ferdinand d'Aragon dès 1506, il perd le Milanais en 1512 et subit la défaite de Novare en juin 1513.

Dans le royaume, Louis XII, entouré de brillants conseillers dont le célèbre cardinal Georges d'Amboise (1460-1510), reprend la politique de son prédécesseur. Le transport des guerres hors des frontières nationales a ramené la paix intérieure, ce qui lui permet d'assainir l'économie, de voir l'intensification des échanges commerciaux et le retour d'une certaine prospérité. La pertinence des mesures qu'il prend lui vaut une réputation flatteuse : il jouit d'une telle popularité qu'il sera surnommé « *le père du peuple* » par les États généraux de 1506. Dans le domaine des Arts, les Français voient la Renaissance éclore dans leur pays à la suite des campagnes que le roi mène en Italie.

EPOUSES :

JEANNE DE FRANCE (OU DE VALOIS)

(1464 - Bourges 1505)

Fille du roi de France Louis XI et de Charlotte de Savoie (sœur d'Anne de Beaujeu et Charles VIII), elle épouse Louis XII en 1476 et devient reine de France en 1498. Mais le mariage sera annulé la même année par le tribunal ecclésiastique de Tours pour non-consommation (Jeanne était infirme et contrefaite) et pour manque de consentement (Louis XII s'était marié contraint par son oncle Louis XI). Répudiée, elle se retire à Bourges où elle fonde l'ordre de l'Annonciade en 1501. Elle sera béatifiée en 1742 et canonisée en 1950.

ANNE DE BRETAGNE

(Nantes 1477 - Blois 1514)

Fille de François II, duc de Bretagne, et de Marguerite de Foix, elle est duchesse de Bretagne, comtesse de Montfort et d'Etampes. D'abord promise à l'empereur germanique Maximilien Ier, elle épousera Charles VIII en 1491. Devenue veuve, elle se remarie avec Louis XII en 1499 : elle a alors une quinzaine d'années de plus que lui, mais ce mariage permettait de conserver le duché de Bretagne dans le domaine royal. Louis XII se montre moins autoritaire que son prédécesseur dans la gestion de ce duché et laisse même Anne intervenir dans les affaires bretonnes.

De ce mariage naîtront la future épouse de François Ier, Claude de France (1499-1524), X (mort-né en 1503), Renée (1510-1575), X (mort-né en 1512).

Anne de Bretagne sera deux fois reine de France : de 1491 à 1498 par son mariage avec Charles VIII, puis de 1499 à 1514, avec Louis XII.

MARIE D'ANGLETERRE (OU TUDOR)

(1497 - Westhorpe 1534)

Fille d'Henri VII Tudor, roi d'Angleterre, elle épouse Louis XII en 1514 puis le duc de Suffolk Charles Brandon en 1515.

Elle est reine de France de 1514 à 1515.

Rois Valois-Angoulême

> 1515

François Ier (ou François au grand nez, le Bonhomme Colas, le Père des Arts et des Lettres)

(Cognac 12-9-1494 - Rambouillet 31-3-1547)
Fils de Charles d'Angoulême et de Louise de Savoie, comte d'Angoulême (1496), puis duc de Valois, d'Orléans et de Romorantin (1498), duc de Milan (1515), il succède à son cousin et beau-père Louis XII, mort sans héritier mâle en 1515.

Dès son avènement, il reprend à son compte la conquête du Milanais et du royaume de Naples, objet de l'ambition de ses prédécesseurs. Il conduit dans ce but une série d'expéditions transalpines : la cinquième campagne d'Italie (1515-1516), la sixième (1521-1526), la septième (1526-1529), la huitième (1536-1542) et la neuvième (1543-1545).

A Marignan en 1515, il vaincra les piquiers suisses qui, en signant la « *Paix perpétuelle* » ou « *Paix de Fribourg* » (1516), s'engagent à ne plus jamais attaquer ni la France ni Milan. Menacé par Charles Quint, empereur germanique depuis 1519, François Ier cherche une alliance avec l'Angleterre et reçoit Henri VIII : malgré tout le luxe déployé lors de l'entrevue du Camp du Drap d'or, en 1520, celle-ci n'atteint pas le but recherché.

Après la défaite de Pavie en 1525, François Ier est emprisonné à l'Alcazar de Madrid et doit se résigner à signer le traité de Madrid en 1526 : la France abandonne la Bourgogne et Tournai à l'Espagne, ainsi que

François Ier.
Photo Hervé Champollion.

ses prétentions sur le Milanais, n'exerce plus de suzeraineté sur la Flandre et l'Artois et laisse les deux fils du roi en otages : le dauphin François et son frère Henri, respectivement âgés de 8 et 7 ans.

La ligue de Cognac (1526), réunissant l'Angleterre, la France, la papauté, les Vénitiens et les princes allemands contre l'Espagne, oblige Charles Quint à accepter le traité de Cambrai en 1529 : la France reprend la Bourgogne, Boulogne et les grandes villes de la Somme, mais renonce à ses droits sur Milan et Naples, tandis que les princes sont libérés contre rançon...

Pendant le règne de François Ier, l'armée est réformée et un corps d'infanterie est créé en 1534 : on recrute pour celui-ci des soldats parmi les civils du royaume, essentiellement parmi les paysans. Ces troupes, nationales, s'avèrent moins coûteuses et surtout plus loyales que celles jusqu'alors composées de mercenaires étrangers, dont l'attachement n'était jamais totalement garanti.

La même année, Jacques Cartier s'embarque pour explorer l'Amérique du Nord (après un second voyage, il prendra possession, du Canada, en 1535).

Dans le domaine de la culture, l'œuvre de François Ier sera exceptionnelle. Protecteur des arts, il encourage les initiatives de la Renaissance et protège artistes, musiciens, poètes, humanistes (Budé, Marot, Ronsard, Léonard de Vinci, le Primatice, Benvenutto Cellini...). Grand collectionneur, il leur commande de nombreuses œuvres et en reçoit d'autres, offertes par des courtisans ou des souverains étrangers. Dans les collections royales conservées en partie à Fontainebleau, on trouve ainsi des tableaux aujourd'hui célèbres tels ceux de Léonard de Vinci (la *Joconde, Sainte Anne, Saint Jean-Baptiste*), de Raphaël (*Saint Michel*, la

Sainte Famille) ainsi que de multiples autres œuvres. Pour briser le monopole de la Sorbonne, trop conservatrice à son goût, François Ier fonde en 1530 un collège, le futur Collège de France : des lecteurs royaux payés par le Trésor royal y enseignent l'hébreu et le grec, les mathématiques et la médecine, la rhétorique et la philosophie.

L'intérêt du roi pour la littérature, et plus généralement pour l'écrit, est tel que, par l'édit de Montpellier en 1537, il prescrit aux imprimeurs de lui remettre un exemplaire de tout ouvrage publié : ainsi est donc institué en quelque sorte notre actuel « dépôt légal ». La bibliothèque royale s'enrichit aussi par l'achat de nombreux textes antiques, qui sont traduits en français pour être plus facilement accessibles. Et surtout, en promulguant l'édit de Villers-Cotterêts en 1539, le roi exige que tous les actes administratifs et les textes officiels soient rédigés en français et non plus en latin comme auparavant, de façon à ce que chacun puisse les comprendre.

François Ier se montre aussi un bâtisseur ambitieux : tandis qu'il réside en Val de Loire, il entreprend la reconstruction du château de Blois, projet qu'il abandonne pour se consacrer à l'exceptionnel Chambord. Lorsqu'au milieu de son règne, après sa captivité à Madrid, il retrouve sa liberté, il établit sa résidence en Ile-de-France, construit Fontainebleau, Saint-Germain-en-Laye, Madrid (au bois de Boulogne), La Muette de Saint-Germain-en-Laye et Challuau (ces trois derniers aujourd'hui détruits). Tous ces châteaux, demeures

d'exception puisque royales, ont marqué l'histoire de l'architecture et des arts au XVIe siècle.
Consolidant l'absolutisme (c'est à lui que l'on doit la formule « *Car tel est notre bon plaisir* »), François Ier réunit à la Couronne le comté d'Angoulême (1515), le duché de Bourbonnais et les comtés d'Auvergne, de Clermont, de Forez, de Beaujolais, de la Marche (1523), le duché d'Alençon, les comtés du Perche, d'Armagnac, du Rouergue (1525), le dauphiné d'Auvergne (1531).

EPOUSES :

CLAUDE DE FRANCE :

(Romorantin 1499 - Blois 1524)
Fille du roi de France Louis XII et d'Anne de Bretagne, elle est duchesse de Bretagne et de Milan et d'abord fiancée à Charles Quint. Laide, boiteuse, celle qu'on surnommera « *la bonne reine* » épouse François Ier en 1514 et lui apporte en dot le duché de Bretagne, les comtés de Blois, Coucy et Montfort, ainsi que des droits sur le duché de Milan. Reine de France de 1515 à 1524, elle donne au roi sept enfants : Louise (1515-1518), Charlotte (1516-1524), François (1518-1536), le futur roi Henri II (1519-1559), Madeleine (1520-1537), Charles, duc d'Angoulême, de Châtellerault et d'Orléans (1522-1545) et Marguerite (1523-1574).

ELÉONORE D'AUTRICHE (OU DE HABSBOURG)

(Louvain 1498 - Talavera 1558)

Fille de Philippe Ier, archiduc d'Autriche et roi de Castille, et de Jeanne la Folle, la mère de Charles Quint, elle épouse d'abord Manuel Ier, roi du Portugal, en 1519 puis, devenue veuve, François Ier en 1530. Reine de France de 1530 à la mort de son époux en 1547, elle se retire en Flandre en 1548, puis en Espagne en 1555.

> 1547

Henri II

(Saint-Germain-en-Laye 31-3-1519 - Paris 10-7-1559)
Second fils de François Ier et de Claude de France, duc de Bretagne (1532), dauphin (1536), il est sacré roi à Reims en 1547 car son frère aîné, le dauphin François, est mort en 1536. Il se retrouve alors à la tête du plus puissant et du plus riche royaume d'Europe. A sa Cour fortement italianisée et excessivement raffinée sévissent les rivalités : entre son épouse Catherine de Médicis et sa maîtresse Diane de Poitiers, entre Montmorency et Guise…

Dès son accession au trône, Henri II poursuit la politique de son père à l'encontre de Charles Quint qu'il conduit à l'abdication en 1556. Il maintient les prétentions françaises sur l'Italie : avec des fortunes diverses se déroulent les dixième et onzième campagnes, de 1547 à 1556 et de 1556 à 1559. Cette dernière s'achève par le traité de Cateau-Cambrésis en 1559, qui le conduit à renoncer au Milanais, au Piémont, à la Savoie et à la Corse.

La lutte contre la Réforme sera une autre de ses priorités. Organisant contre les protestants des tribunaux

Henri II.
Galerie des Illustres - Château de Beauregard.
Photos Hervé Champollion.

d'exception dits « *chambres ardentes* », il déchaîne les terribles guerres de Religion.
Enfin, sur le plan des institutions, Henri II crée, à partir de 1548, un corps de maîtres des requêtes chargés de contrôler les affaires judiciaires et financières et dont les missions seront précisées par un édit de 1553.

Le 30 juin 1559, rue Saint-Antoine à Paris, à l'occasion des mariages de sa fille Elisabeth avec Philippe II d'Espagne et de sa sœur Marguerite avec Emmanuel, duc de Savoie, Henri II organise de grandes festivités et des tournois. Après avoir jouté contre le duc de Nemours puis le duc de Guise, il demande à se mesurer avec le capitaine de sa garde, Gabriel de Montgomery (v. 1530-1574). Hélas, la lance de ce dernier pénètre à travers la visière du casque et enfonce le crâne du roi. Pendant dix jours, le chirurgien Ambroise Paré (v. 1509-1590) lui prodiguera des soins continus. Mais Henri II ne pourra échapper à une issue fatale.

Epouse :

Catherine de Médicis

(Florence 1519 - Blois 1589)

Fille unique de Laurent II de Médicis, duc d'Urbino, et de Madeleine de la Tour d'Auvergne, petite-nièce du pape Léon X et cousine de Clément VII, elle est comtesse de Boulogne et d'Auvergne. Elle épouse Henri II en 1533 et, après une longue période de stérilité (pendant laquelle elle est menacée de répudiation), elle donne naissance à dix enfants : le futur roi François II (1544-1560), Elisabeth (1545-1568), Claude (1547-1575), Louis, duc d'Orléans (1549-1550), Charles IX (1550-1574), qui devient roi à la mort de son frère, Henri III (1551-1589), dernier Valois sur le trône, Marguerite (1553-1615), François, duc d'Alençon, d'Anjou et de Brabant (1555-1584), Victoire et Jeanne, jumelles (1556-1556).

Reine de France de 1547 à 1559, elle est régente du royaume en 1552 pendant que son époux combat Charles Quint, puis en 1559 et en 1560, pour ses fils François II et Charles IX. Elle joue un rôle particulièrement important car, au-delà de la régence qu'elle assure, elle influencera toute la politique de chacun de ses trois fils montés sur le trône et ne cessera jamais d'affirmer la souveraineté de la France. Confrontée au problème religieux qui divise le pays et elle-même modérée dans sa foi catholique, elle tentera en vain, avec Michel de l'Hospital (1505-1573), de réconcilier les partis opposés, avant de finalement céder aux pressions des princes catholiques et de donner son aval au massacre de la Saint-Barthélemy. Son rôle dans l'économie du royaume n'est pas négligeable non plus : elle encourage de nouvelles activités, comme la culture des orangers, l'élevage du ver à soie, les filatures, que Henri IV à son tour s'appliquera à développer.

> 1559
François II

(Fontainebleau 19-1-1544 - Orléans 5-12-1560)
Fils aîné d'Henri II et de Catherine de Médicis, duc de Bretagne, dauphin (1547), il est sacré roi de France à Reims en 1559.

A son accession au trône, François II, d'une santé fragile, charge sa mère Catherine de Médicis du gouvernement : celle-ci confie au duc François de Guise (1519-1563) les affaires militaires et à Charles de Guise

(1524-1574), cardinal de Lorraine, les affaires civiles. Les persécutions à l'encontre des protestants vont alors s'amplifier. En 1560, ces derniers, voulant soustraire François II à l'influence des Guises et faire accéder au trône le prince de Condé Louis Ier (1530-1569), envoient cinq cents cavaliers attaquer Amboise. Mais ils sont trahis et, cernés, doivent se rendre. Leur conspiration, dite « *Conjuration d'Amboise* », a échoué et les conjurés sont exécutés. La répression se poursuit durant plusieurs semaines : on compte quelque mille deux cents exécutés. Et c'est dans ces circonstances que le roi, maladif, vient à mourir, sans enfant. Le pays est livré à une terrible guerre civile opposant Guises et Bourbons.

Epouse :

Marie Stuart

(Linlithgow en Ecosse 1542 - Fotheringhay en Angleterre 1587)

Fille de Jacques V, roi d'Ecosse, et de Marie de Lorraine, sœur des Guises, elle épouse François II en 1558. Veuve en 1560, elle revient en Ecosse et se remarie avec lord Darnley en 1565, puis, en 1567, épouse James Hepburn, comte de Bothwell et duc d'Orkney, celui-là même qui avait assassiné lord Darnley. Impliquée dans plusieurs complots contre la reine d'Angleterre Elisabeth Ire, elle sera emprisonnée et exécutée.

Elle est reine d'Ecosse de 1542 à 1567 et reine de France de 1559 à 1560.

> 1560

Charles IX (ou Charles-Maximilien)

(Saint-Germain-en-Laye 27-6-1550 - Vincennes 30-5-1574)

Troisième fils d'Henri II et de Catherine de Médicis, duc d'Angoulême puis duc d'Orléans à la mort de son frère Louis, il devient roi à 10 ans et est sacré à Reims en 1561. Sa mère est nommée gouvernante de France : elle dominera en fait le roi pendant tout son règne, marqué par les guerres de Religion opposant catholiques et protestants.

Pour faire cesser ces guerres civiles, le chancelier Michel de l'Hospital (1505-1573) organise, avec Catherine de Médicis, le colloque de Poissy en 1561. Mais les représentants des deux Églises, défendant des thèses opposées, ne parviennent pas à assouplir leurs positions et la tentative de réconciliation est un échec. Un deuxième colloque sera organisé à Saint-Germain en 1562, mais sans plus de succès. Des réactions violentes s'ensuivront, conduisant au massacre de huguenots à Wassy, en Champagne, en mars 1562, ce qui déclenche la première guerre de Religion.

Catherine de Médicis espère concilier catholiques et protestants en accordant à chacun la liberté de son culte (édit de pacification d'Amboise du 19 mars 1563), mais les rivalités explosent, en novembre 1567 à Saint-Denis, en mars et octobre 1569 à Jarnac et à Moncontour... Le 8 août 1570, l'édit de Saint-Germain-en-Laye accorde aux protestants des places

Charles IX.
Galerie des Illustres - Château de Beauregard.
Photos Hervé Champollion.

de sûreté, parmi lesquelles La Charité-sur-Loire, Cognac, La Rochelle, Montauban…
L'amiral Gaspard Coligny (1519-1572), l'un des principaux chefs des protestants, exerçant une trop grande influence sur le roi, Catherine de Médicis ordonne son

exécution. Pour masquer l'assassinat, elle convainc Charles IX de faire tuer tous les huguenots de la capitale : c'est le massacre de la Saint-Barthélemy, le 24 août 1572, qui donne le signal d'exactions semblables à la province, où elles se prolongeront jusqu'en octobre. Sur le plan civil enfin, Michel de l'Hospital réorganise l'administration au cours de l'assemblée de Moulins (1566) : il charge des maîtres de requêtes d'effectuer des contrôles dans tout le royaume, limite les pouvoirs et les droits des parlements en faveur de l'autorité royale, rend le domaine royal inaliénable. Malgré tout, il sera abandonné par Catherine de Médicis en 1568. Le roi meurt de phtisie en 1574, à 24 ans. Il s'était déjà écarté du pouvoir depuis les massacres de la Saint-Barthélemy, épuisé par les hallucinations et rongé par les remords.

EPOUSE :

ELISABETH D'AUTRICHE

(Vienne 1554 - Vienne 1592)

Fille de l'empereur Maximilien II, roi de Germanie, de Bohême et de Hongrie, et de Marie, fille de Charles Quint, elle épouse Charles IX en 1570. Reine de France de 1570 à 1574, elle donne naissance à une fille, Marie-Elisabeth (1572-1578).

> 1574

Henri III (ou Alexandre-Edouard)

(Fontainebleau 19-9-1551 - Saint-Cloud 30-5-1589)

Quatrième fils d'Henri II, duc d'Orléans (1560) puis

Henri III.
Galerie des Illustres - Château de Beauregard.
Photos Hervé Champollion.

d'Alençon (1566) et d'Anjou (1567), il succède à son frère Charles IX en 1574.

Lieutenant général en 1567, il remporte sur les protestants les batailles de Jarnac et de Moncontour en 1569 et, chef du parti catholique, il conduit le siège de La Rochelle, place huguenote, en 1572. En 1573, élu roi de Pologne et grand-duc de Lituanie par la Diète polonaise (40 000 nobles), soutenu par l'évêque de Valence, il est appelé sur le trône de Pologne. Il est couronné en 1574 au château du Wawel à Cracovie. Apprenant le 15 juin 1574 la mort de son frère Charles IX (30 mai), il quitte secrètement la Pologne après un règne de cent quarante-six jours seulement. A l'issue d'un long voyage qui le mène à Venise, Ferrare, Mantoue, Milan et Turin, la terre natale de sa mère, il regagne la France pour être sacré à Reims le 11 février 1575, par le cardinal Louis II de Guise (1555-1588), cardinal de Lorraine et évêque de Metz, un proche de la reine mère Catherine de Médicis.

Sa cour, rapidement, va être déconsidérée pour ses excentricités : l'étiquette, du lever au coucher du roi, est une suite de rites extravagants et de pitreries équivoques auxquels se prêtent les « mignons » qui dilapident le Trésor. C'est donc Catherine de Médicis qui impose encore ses volontés et les guerres de Religion se poursuivent, opposant protestants (soutenus par l'Angleterre et le Danemark) et catholiques (soutenus par l'Espagne). Le conflit est aggravé d'un enjeu politique et dynastique, la couronne devant revenir, à la mort d'Henri III, à Henri de Navarre, chef des huguenots. Menacé par la Ligue, Henri III fait assassiner à Blois le duc de Guise Henri Ier de Lorraine (1549-1588), dit « *le Balafré* ».

Le roi meurt poignardé à Saint-Cloud, le 2 août 1589, par Jacques Clément (1567-1589), un moine dominicain exalté, persuadé que Dieu l'a chargé d'assassiner le roi qui s'était allié avec le protestant Henri de Navarre. Avant de mourir, Henri III recommandera effectivement le huguenot pour lui succéder.

EPOUSE :

LOUISE DE LORRAINE-VAUDÉMONT

(1553 - Moulins 1601)

Fille de Nicolas de Lorraine, comte de Vaudémont et duc de Mercœur, et de Marguerite d'Egmont, elle épouse Henri III en 1575. Reine de France de 1575 à 1589, délaissée (le roi aurait préféré épouser sa favorite, Marie de Clèves, princesse de Condé), elle vivra retirée jusqu'en 1589 et mourra sans postérité.

Les Bourbons

La dynastie des Bourbons

La fondation de la Maison de Bourbon, qui tire son nom de Bourbon-l'Archambault, capitale du duché de Bourbon, remonte au XIIIe siècle. Elle a pour tige Robert, comte de Clermont (1256-1317), sixième fils de Saint Louis et époux de Béatrice de Bourbon. Deux branches principales sont issues de cette Maison : la **branche aînée** et celle de **Marche-Vendôme**.
Issue de Pierre Ier (1311-1356), la **branche aînée** a donné notamment Pierre II, sire de Beaujeu, septième duc de Bourbon, époux d'Anne de France, régent du royaume avec sa femme durant la minorité de Charles VIII, ainsi que Charles III, huitième duc de Bourbon, connétable de France, qui sera dépossédé de son duché en 1523 par François Ier parce qu'il s'était associé aux Impériaux. Son fief sera alors remis à la Maison de Marche-Vendôme, représentée par Antoine de Bourbon (1553-1562), époux de Jeanne d'Albret et père d'Henri de Navarre, futur Henri IV : celui-ci sera le premier représentant de la lignée de **Marche-Vendôme** (ou **Bourbon-Vendôme**) qui, de 1589 à 1830, presque sans discontinuité, verra se succéder sur le trône Henri IV, Louis XIII, Louis XIV, Louis XV, Louis XVI, Louis XVIII et Charles X. Elle s'éteindra en 1883, avec la mort sans postérité du comte de Chambord à Frohsdorf.

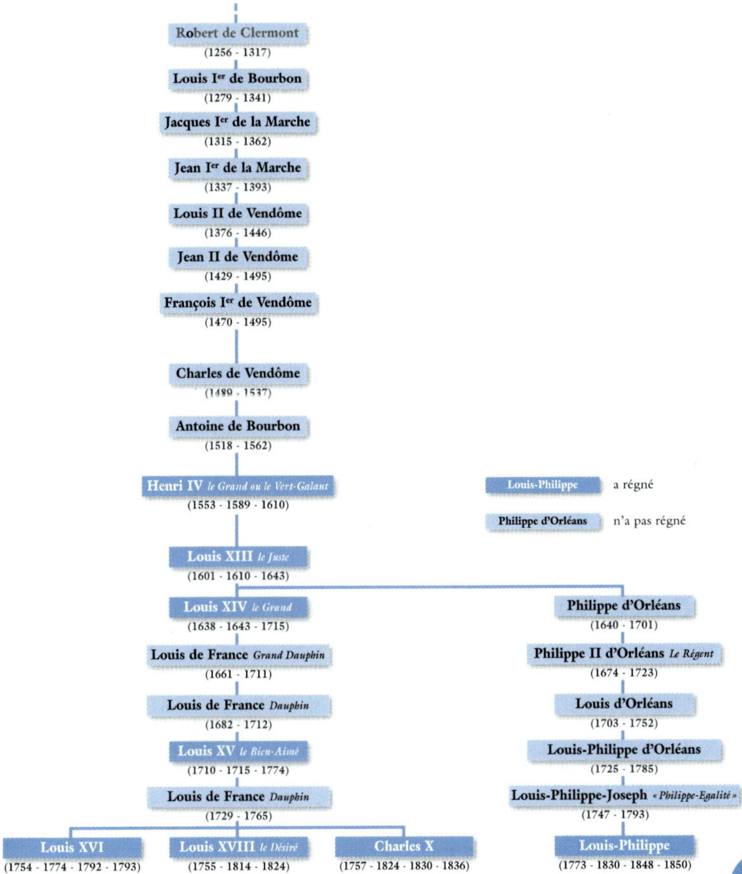

Tableau généalogique des Bourbons

La Maison de Bourbon comprend de nombreuses branches collatérales :

— les **Condés** : cette branche, souvent au premier plan de la vie politique française, est issue de Louis Ier de Bourbon (1530-1569), prince de Condé. Elle s'illustrera plus particulièrement avec Louis II, dit le Grand Condé (1621-1686), au courage légendaire. Elle disparaît en 1804 avec Louis Antoine Henri, duc d'Enghien (1772-1804) qui, jugé sommairement pour trahison (il aurait comploté pour le retour au pouvoir d'un prince de la Maison de Bourbon), sera fusillé dans les fossés du château de Vincennes par les bonapartistes. De cette branche est né le rameau des Conti, issu du second fils d'Henri II, prince de Condé (1588-1646), qui s'éteint en 1814 avec la mort de Louis-François, prince de Conti ;

— les **Bourbon-Orléans** : ils se partagent en deux branches. La première se limite à Gaston d'Orléans (1608-1660), frère de Louis XIII et à sa fille, la « Grande Mademoiselle », morte sans postérité en 1693. La seconde est issue de Philippe, duc d'Orléans (1640-1701), frère de Louis XIV, et règne avec Louis-Philippe ;

— les **Bourbons d'Espagne** : cette branche accède au trône d'Espagne en 1700 avec Philippe V, duc d'Anjou, troisième petit-fils de Louis XIV et mort en 1746. Juan Carlos, petit-fils d'Alphonse XIII, né en 1938, proclamé roi d'Espagne en 1975 à la mort du général Franco, descend en droite ligne de Philippe V et donc du Roi-Soleil. Des Bourbons d'Espagne se sont détachés divers rameaux, dont les **Bourbon-Parme**, issus de Philippe, fils cadet de Philippe V, duc de Parme, qui perdirent leur duché de Parme en 1860, et les **Bourbon-Sicile**, issus de Ferdinand, second fils de Charles III d'Espagne, roi des Deux-Siciles, qui seront également dépossédés en 1860 ;

— les **Bourbons du Maine** : issue de Louis XIV par Louis de Bourbon du Maine (1670-1736), fils naturel du roi et de la marquise de Montespan et légitimé en 1673, cette branche s'éteindra avec la mort de Louis-Charles de Bourbon, comte d'Eu en 1775 ;

— les **Bourbon-Penthièvre** : cette branche est issue de Louis XIV par Louis de Bourbon, comte de Toulouse et duc de Penthièvre (1778-1737), fils naturel du roi et de la marquise de Montespan et légitimé en 1681. Elle s'éteint en 1768 avec la mort du prince de Lamballe, héritier du duc de Penthièvre (1725-1793).

Les rois de France issus de la Maison de Bourbon ont la réputation d'avoir instauré et appliqué, entre 1589 (avènement d'Henri IV) et 1789 (Révolution), un système politique sans précédent dans l'Histoire, caractérisé par l'absolutisme et le centralisme. La monarchie absolue qu'ils exercent alors repose sur le principe d'une société fondée sur une inégalité hiérarchisée : à son sommet culminent Dieu, pour l'ordre surnaturel, et le roi, détenant son pouvoir de Dieu, pour l'ordre temporel. Cette idéologie atteindra son apogée sous le règne du Roi-Soleil, dont la conception particulièrement autoritaire du pouvoir ne manquera pas de susciter un certain mécontentement parmi les différents éléments de la

société française. Ainsi, le roi sera-t-il presque constamment en guerre intérieure, en butte aux manœuvres contestataires d'une partie de la noblesse, parfois rejointe par les princes du sang, mécontents d'être progressivement exclus du pouvoir, le roi gouvernant avec un conseil réduit à quelques fidèles. Et en son royaume, l'opposition viendra aussi également du petit peuple des villes et des campagnes, écrasé par l'impôt.
A l'extérieur, en dépit des prétentions espagnoles et germaniques qui menacent l'intégrité du royaume, la France impose sa suprématie à l'Europe entière. Les Bourbons y jouissent d'un prestige considérable, à tel point que la plupart des princes de l'époque s'attacheront à les imiter, prenant plus particulièrement modèle sur le plus illustre d'entre eux, Louis XIV. La monarchie absolue connaîtra cependant un certain fléchissement au XVIIIe siècle, remise en cause par les philosophes, tandis qu'apparaît peu à peu l'idée que le roi ne tient pas son titre de Dieu mais de la volonté du peuple. Cette évolution n'empêchera pas cependant cette Maison d'occuper, à la même époque, les trônes de France, d'Espagne, de Parme et des Deux-Siciles et d'étendre sa puissance jusqu'en Italie, en Inde et au Canada.

Les rois Bourbons

> 1589

Henri IV (ou le Vert-Galant, le Grand)

(Pau 14-12-1553 - Paris 14-5-1610)

Fils d'Antoine de Bourbon et de la calviniste Jeanne

Henri IV.
Musée du Louvre. Photo RMN - R.-G. Ojeda.

d'Albret, il est d'abord prince de Viane, de Beaumont et de Navarre, et devient roi de Navarre en 1572. En 1589, la mort du dernier Valois, Henri III, laisse le trône vacant. Philippe II d'Espagne cherche à imposer sa fille Isabelle, née de son mariage avec Elisabeth de France, fille d'Henri II : mais l'arrêt du parlement de Paris, en 1593, rejette cette prétention, jugée contraire à la loi salique « *et autres lois fondamentales du royaume* ». C'est Henri de Navarre qui apparaît alors comme le plus proche héritier descendant d'Hugues Capet et sa légitimité sera confirmée à l'unanimité par les docteurs de la Sorbonne en 1594. Mais Henri de Navarre est protestant et le parti catholique, animé par les Guises et stimulé par l'Espagne, organise la Ligue qui refuse de le reconnaître. Il doit reconquérir le pouvoir. Sa conversion au catholicisme à Saint-Denis, le 25 juillet 1593, suivie de son sacre à Chartres en 1594, lui ouvrira Paris en mars 1594 : on lui attribue la fameuse phrase : « *Paris vaut bien une messe.* »

Cette reconquête passe par une déclaration de guerre à l'Espagne en janvier 1595, qui présente l'avantage de rassembler, provisoirement, catholiques et protestants derrière le roi de France, jusqu'à ce que Philippe II vaincu, le traité de paix de Vervins signé le 2 mai 1598 mette un terme aux guerres étrangères. La guerre civile risquant fort de reprendre, Henri IV avait, quelques semaines auparavant, promulgué l'édit de Nantes qui conserve le catholicisme comme religion d'État mais qui, dans un esprit de concorde, reconnaît aux protestants, sous certaines réserves, la liberté de conscience et de culte.

Signé dans la ville de Nantes le 13 avril 1598, le célèbre document touche un nombre important de personnes puisque la France d'alors compte quelque 1 250 000 huguenots, la plupart installés en Languedoc et en Aquitaine, en Val de Loire et en Poitou, en Normandie et dans le Dauphiné... Il leur concède une centaine de places de sûreté pour huit années. Il s'agit en général de villes fortifiées, entièrement sous contrôle huguenot et dont le gouverneur et les soldats, protestants, sont rémunérés par le roi. Parmi ces places : Valognes et Carentan en Normandie ; Houdan, Dourdan, Mantes, Essonne en Ile-de-France ; Montcenis, Château-Renault, Saumur en Pays de Loire ; Thouars, Loudun, Châtellerault en Poitou ; La Rochelle, Saint-Jean-d'Angély, Royan en Aunis et Saintonge ; Orthez, Mauléon, Sauveterre, Oloron en Béarn ; Castillon, Bergerac en Guyenne ; Montauban, Figeac, Capdenac, Castres en Toulousain ; Marvejols, Sommières, Nîmes, Montpellier en Languedoc ; Gap, Serres, Embrun, Orange en Provence et Dauphiné. Ces places sont aussi parfois des fiefs appartenant à des nobles de confession protestante, comme Sedan qui relève des ducs de Bouillon, Josselin et Pontivy des Rohan et Vitré des La Trémoille. Désormais, les huguenots pourront non seulement y exercer leur culte sans être inquiétés, mais leurs pasteurs seront entretenus par l'État et ils pourront y ouvrir des écoles. Ils pourront aussi

accéder à toutes les charges et à tous les emplois publics et leurs enfants pourront fréquenter toutes les écoles. Pour reconstituer l'intégrité du domaine royal plus ou moins malmenée au cours des règnes précédents, Henri IV devra mater les féodaux, assainir les finances et relancer l'activité économique. Maximilien de Béthune (1560-1641), baron de Rosny et duc de Sully, nommé surintendant des Finances en 1599, sera le principal artisan de cette reconstruction. Travailleur infatigable à l'efficacité redoutable, Sully est le plus fidèle collaborateur du roi et assume, avec une rigueur toute huguenote, les fonctions les plus diverses. Traquant les détourneurs de fonds, les fraudeurs et les voleurs, il parvient en quelques années à maîtriser les finances royales et à équilibrer le budget de l'État. Sa compétence contribue à stabiliser la monnaie, à mieux répartir et encaisser l'impôt… Et surtout, il met en place une nouvelle gestion à long terme en planifiant chaque grand projet en fonction d'un état prévisionnel des dépenses et des recettes.
D'origine rurale, Sully pressent que le relèvement économique du royaume est étroitement lié à celui de sa principale richesse, l'agriculture. Il y consacrera une grande partie de son énergie et s'attachera à protéger les paysans contre les exactions des gens de guerre et les abus des officiers du fisc. Il encourage une exploitation rationnelle des forêts et l'augmentation des surfaces cultivées, en faisant par exemple assécher les marécages, comme ceux du bas Médoc ou de la partie avale des marais poitevins. Sa célèbre

maxime : « *Labourage et pâturage sont les deux mamelles dont la France est alimentée et les vraies mines d'or du Pérou* », passée dans la légende, résume parfaitement, outre le rôle éminent qu'il accorde à l'agriculture, une morale de l'action et un principe de gestion nouveau, basé sur la constance, l'effort et la prévision.

Sur les conseils de l'agronome Olivier de Serre (1539-1619) et de l'économiste Barthélemy de Laffemas (1545-1612), il entreprend de limiter l'importation de la soie en mettant en place une production nationale : des mûriers sont donc introduits en France pour l'élevage du ver à soie. Toujours avec l'intention de diminuer les importations, coûteuses, et d'accroître les exportations, source de profits, il favorise les essais d'industries nouvelles et cherche à développer dans le royaume un réseau de manufactures permettant la fabrication de produits de luxe : draperies à Reims, à Senlis et à Provins, dentelles à Senlis, soieries à Dourdan, tapisseries aux Gobelins, verrerie à Melun, armes à Paris...

Ce programme économique s'accompagne de mesures destinées à améliorer les échanges commerciaux et l'industrie : les routes, anéanties par les guerres, sont retracées, remblayées et bordées « *d'ormes de Sully* » qui fourniront du bois pour les affûts de canon, les vaisseaux de la flotte ou les troupes en campagne, des ponts sont construits sur la plupart des rivières, désormais rattachées au domaine royal et qu'une commission s'emploie d'ailleurs à rendre navigables vers

1600. Des canaux nouveaux (canal de Briare, des Deux-Mers) facilitent encore la circulation fluviale.
Henri IV relance par ailleurs la construction, en créant la Place royale et la place Dauphine, le Pont-Neuf et des lotissements sur les bords de Seine, en agrandissant Fontainebleau et en transformant le Château-Neuf de Saint-Germain-en-Laye... L'érection d'une multitude de châteaux dans le style caractéristique « brique et pierre » sur l'ensemble du royaume témoigne aussi de l'intensité de cette activité, attestant du retour d'une certaine prospérité et de l'enrichissement des classes moyennes.
Henri IV meurt le 14 mai 1610, assassiné dans le quartier du Marais à Paris par Jean-François Ravaillac (1578-1610). Le régicide est un ancien maître d'école devenu frère convers chez les Feuillants. Il est reconnu coupable après une instruction menée tambour battant. Condamné à mort, il sera supplicié le 27 mai, en place de Grève (aujourd'hui place de l'Hôtel-de-Ville) où se déroulaient habituellement les exécutions capitales.
Henri IV deviendra dans l'Histoire de France l'exemple du souverain idéal, mais en fait, cette idéalisation ne date que de la fin du XVIIIe siècle. Populaire en Béarn et parmi ses compatriotes installés à Paris auxquels il accorde de nombreuses largesses, il le sera moins dans le reste de la population. Les concessions qu'il avait consenties aux huguenots et sa politique économique lui avaient valu de nombreux ennemis, tandis que l'allure rustique et le goût immodéré pour les femmes de

ce « Vert-Galant » avaient contrarié quelque peu l'étiquette rigoureuse de la Cour.

EPOUSES :

MARGUERITE DE VALOIS (OU DE FRANCE)

(Saint-Germain-en-Laye 1553 - Paris 1615)
Fille du roi de France Henri II et de Catherine de Médicis, sœur des trois rois précédents et proche des Ligueurs, elle est mariée au huguenot Henri de Navarre en 1572, mariage politique destiné à rapprocher catholiques et protestants.
Mais elle est suspectée par le roi (son frère Henri III) d'avoir intrigué avec les ultra-catholiques. Chassée de la Cour en 1583, elle rejoindra son époux Henri de Navarre dans son château de Nérac. Egalement suspecte aux yeux des siens et de son époux, elle sera finalement placée en résidence forcée à Usson en Auvergne où elle mènera une vie désordonnée. Elle y restera près d'une vingtaine d'années : à la mort de son frère, Henri de Navarre devient roi et lui reproche ses infidélités, jusqu'à faire annuler son mariage en 1599 par le pape Clément VIII, au motif d'une parenté trop proche.
Celle qu'on appelait la « *reine Margot* » ou la « *Perle de Valois* » ne sera autorisée à regagner Paris qu'en 1605. Elle aura été reine de France de 1589 à 1599.

MARIE DE MÉDICIS

(Florence 1573 - Cologne 1642)
Fille de François Ier, grand-duc de Toscane, et de

Jeanne, archiduchesse d'Autriche, elle épouse Henri IV en 1600 et donne naissance à six enfants : le futur roi Louis XIII (1601-1643), Elisabeth (1602-1644), Christine (1606-1663), X, duc d'Orléans (1607-1611), Gaston, duc d'Orléans (1608-1660), Henriette-Marie (1609-1669).

Dite « *la Florentine* », elle est reine de France de 1600 à 1610 puis régente de 1610 à 1614 avec son compatriote Concino Concini, pendant la minorité de Louis XIII. Elle écarte alors les conseillers d'Henri IV, éloigne Sully en 1611 et mène une politique antiprotestante. Mais son gouvernement tombe en 1617, sous les coups du jeune roi Louis XIII jusqu'alors exclu du pouvoir. Avec l'appui de la noblesse, elle prendra les armes contre lui (« *Guerre de la mère et du fils* », de 1619-1620) et sera vaincue aux Ponts-de-Cé en 1620. Réfugiée à l'étranger à la suite de la « *Journée des Dupes* » (10 novembre 1630) qui avait groupé autour d'elle des opposants à la politique de Richelieu, elle sollicitera en vain l'autorisation de revenir en France et décédera à Cologne en 1642.

> 1610

Louis XIII le Juste

(Fontainebleau 27-9-1601 - Saint-Germain 14-5-1643)

Fils d'Henri IV et de Marie de Médicis, il est sacré à Reims en 1610. Pendant sa minorité, c'est sa mère, Marie de Médicis, qui, après avoir cassé le conseil de régence auparavant nommé par son époux, assure

Louis XIII.
Galerie des Illustres - Château de Beauregard.
Photo Hervé Champollion.

la tutelle du jeune roi avec Concino Concini (1575-1617). La reine couvre d'honneurs et de pensions cet aventurier italien passé au service de la France, et le fera marquis d'Ancre et maréchal de France. Avec son épouse Léonora Galigaï, ce parvenu exercera une très forte influence sur la régente.
Mais Concini, pourtant, est loin de faire l'unanimité : beaucoup de princes du sang, comme les Condés, Guises, Nevers, Soissons et La Tour d'Auvergne, écartés du pouvoir, sont irrités par l'importance que lui donne la reine. Le jeune roi lui-même est exclu du gouvernement jusqu'à sa majorité. Il prendra véritablement le pouvoir en 1617, en faisant assassiner « *l'étranger* » dans la cour du Louvre, par Nicolas de l'Hospital, baron de Vitry (1581-1644), tandis que la reine mère est exilée à Blois d'où elle s'échappera en 1619.
Le roi laisse son favori, le duc de Luynes (1578-1621), gouverner jusqu'à sa mort, puis fait siéger à son conseil, en 1624, Armand Jean du Plessis, cardinal de Richelieu (1585-1642). Devenu son Premier ministre dès 1629, ce dernier imposera la monarchie absolue aux parlements, aux protestants et aux nobles. Il avait d'ailleurs ordonné en 1626 le démantèlement des places fortes situées à l'intérieur des frontières, précaution visant tant la noblesse que les huguenots, et il n'avait pas hésité à faire exécuter quelques Grands, tels Henri de Montmorency (1595-1632), Henri de Chalais (1599-1626) ou encore Henri de Cinq-Mars (1620-1642), coupables de conspiration.

Son ministère, entièrement consacré à l'intérêt du royaume et dévoué à l'autorité royale, fut menacé par la « *Journée des Dupes* » (10 novembre 1630) : les partisans de la paix et des réformes, hostiles à la politique du Cardinal, s'étaient groupés autour de la mère du roi, Marie de Médicis, pour obtenir son renvoi. La conspiration échoua et Richelieu, retrouvant la confiance du roi, fit exiler ses adversaires. A sa mort en 1642, le cardinal recommandera au roi de prendre Mazarin (1602-1661) pour lui succéder. Ce dernier poursuivra l'œuvre entreprise par son prédécesseur : il confortera l'autorité royale, substituant aux offices une administration dépendante du pouvoir et développant le commerce et l'industrie...
Le règne de Louis XIII est particulièrement marqué par la lutte contre les huguenots qui, dans leurs places de sûreté concédées par Henri IV, constituent un véritable État dans le royaume. Malgré le soutien de l'Angleterre dont les troupes ont débarqué sur l'île de Ré toute proche, les protestants de La Rochelle capituleront en 1628, après un siège impitoyable et de lourdes pertes (15 000 morts, principalement dues à la famine). La campagne d'Alès en 1629 mettra fin, après le démantèlement de leurs places et la suppression de leurs privilèges, au soulèvement des protestants dans le Midi tout en leur accordant une certaine liberté de culte.

EPOUSE :

ANNE D'AUTRICHE

(Valladolid 1601 - Paris 1666)

Fille de Philippe III, roi d'Espagne, et de Marguerite

d'Autriche, elle épouse Louis XIII en 1615. Reine de France de 1615 à 1643, elle donne naissance au futur roi Louis XIV (1638-1715) et à Philippe, duc d'Orléans (1640-1701).

Régente à la mort de Louis XIII en 1643 et jusqu'à la majorité de son fils Louis XIV en 1651, elle poursuit avec Mazarin la politique de Richelieu. Elle affrontera la Fronde et contribuera fortement au rétablissement de la paix avec l'Espagne (traité des Pyrénées de 1659) et au mariage de son fils Louis XIV avec l'infante Marie-Thérèse (1660). A la mort de Mazarin (1661), Louis XIV décidant de gouverner seul, elle se retrouvera écartée du pouvoir et animera, au sein de la Cour glorieuse et frivole, un cercle dévot réputé austère.

> 1643
Louis XIV le Grand (ou le Roi-Soleil, Louis-Dieudonné)

(Saint-Germain-en-Laye 5-9-1638 - Versailles 1-9-1715)
Fils de Louis XIII et d'Anne d'Autriche, il devient roi à 4 ans et 8 mois. C'est d'abord Anne d'Autriche, régente, et Mazarin (1602-1661), parrain du roi, qui gouvernent le royaume jusqu'à sa majorité en 1651. Mais en fait, le roi laissera gouverner Mazarin jusqu'à sa mort en 1661.

La jeunesse de Louis XIV est marquée par la Fronde (1648-1652), rébellion résultant essentiellement d'une réaction du parlement de Paris, désireux de voir son pouvoir s'accroître, et de la noblesse contre la poli-

Louis XIV.
Château de Chenonceau.
Photo Hervé Champollion.

tique autoritaire de Mazarin : cette dernière s'opposait à l'instauration, par Richelieu, d'« offices » royaux qui dévaluaient ses charges et réduisaient ses revenus dont la plus grande partie provenait de « *gouvernements* », c'est-à-dire de la délégation de l'autorité royale. Dans la nuit du 5 au 6 janvier 1649, alors que des barricades sont élevées dans les rues de la capitale, l'enfant-roi, sa mère et Mazarin s'enfuient pour se réfugier à Saint-Germain... Après quatre années de troubles où des ambitions concurrentes s'allient et s'opposent tour à tour, la révolte sera finalement matée par Turenne en juillet 1652 et le roi pourra enfin rentrer à Paris avec sa mère. Mais il n'en gardera pas moins une extrême prudence à l'égard du Parlement et de la noblesse, méfiance expliquant peut-être en partie son désir d'établir l'absolutisme monarchique... Tout au long de son règne, le roi s'appliquera donc à surveiller les nobles, les mobilisant dans les guerres qu'il n'hésite pas à multiplier. Et, à défaut de guerres, il les « domestiquera » à la Cour où, dotés de riches pensions mais contraints à des dépenses bien supérieures, ils deviendront vite des courtisans asservis.

En 1661, dès la mort de Mazarin, commence le règne personnel de Louis XIV. Le roi réorganise l'État à son plus haut niveau afin d'exercer le pouvoir d'un monarque absolu. Pour diriger le pays, il écarte les personnages de haut rang et s'entoure d'un nombre limité de conseillers remarquables et compétents, issus de la bourgeoisie : François Michel Le Tellier, marquis de Louvois (1639-1691), Sébastien Le Prestre de Vauban (1633-1707), Henri de La Tour d'Auvergne, vicomte de Turenne (1611-1675)... Parmi eux, Jean-Baptiste Colbert (1619-1683) sera sans nul doute le plus influent. Même si Louis XIV entend jouir d'un pouvoir absolu, il aura en ce fils d'un drapier de Reims une confiance totale et lui laissera administrer tout, sauf les affaires étrangères et la guerre qu'il se réserve. Réformateur remarquable, Colbert modernise le système fiscal et la justice, organise l'industrie naissante et le commerce. De nombreuses manufactures royales sont créées : tapisseries de hautes et basses lices à Beauvais (1664), dentelles à Alençon (1665), glaces, cristaux et verres à Reuilly (1665). Pour favoriser le commerce international, la flotte royale est modernisée, les ports de Brest, Cherbourg, Rochefort sont agrandis et Dunkerque est acheté aux Anglais. On institue également les compagnies de Madagascar (1656), du Cap-Vert et du Sénégal (1659), de Chine (1660), des Indes (1664), du Nord (1669).

Cinq grands conflits marquent le règne de Louis XIV :

— la guerre franco-anglo-espagnole (1655-1659) qui, essentiellement justifiée par des rivalités coloniales, aboutit au traité des Pyrénées de 1659 et au mariage de Louis XIV avec l'infante Marie-Thérèse en 1660 ;

— la guerre de Dévolution (1667-1668), achevée par la paix d'Aix-la-Chapelle de 1668 ;

— la guerre de Hollande (1672-1678) en réaction contre la Triple Alliance (Angleterre, Hollande, Suède),

qui prend fin avec la paix de Nimègues de 1678 ;
— la guerre de la Ligue d'Augsbourg (1668-1697), résultant principalement de la révocation de l'édit de Nantes (1685) ;
— la guerre de la Succession d'Espagne (1701-1713), aboutissant au traité d'Utrecht de 1713.

Le règne du Roi-Soleil est entaché par une répression sévère menée à l'encontre des huguenots : conversions forcées, interdiction d'accéder à certains offices ou à certaines professions, exactions de toutes sortes, dont les tristement fameuses dragonnades menées par les soldats du roi dans les campagnes languedociennes et béarnaises où le protestantisme est particulièrement enraciné. A la suite de la révocation de l'édit de Nantes, le 18 octobre 1685, ce sont quelque 300 000 huguenots qui quitteront le royaume, tandis que la guerre civile ruine les Cévennes.

Sous son règne, le royaume s'agrandit des comtés d'Artois et de Flandres (1659), de Nevers (1665), de la Bourgogne (1678), de la principauté d'Orange (1700), du comté de Dunois (1707), du duché de Vendôme (1712). Les limites du royaume reculent vers le Nord-Est et sont durablement stabilisées grâce aux fortifications efficaces de Vauban : elles correspondent, à quelques différences près, à nos frontières actuelles.

Louis XIV se montrera aussi protecteur des arts. Sous son règne sont fondées les académies royales de Danse (1661), de Peinture et de Sculpture (1664), de Littérature, des Sciences (1666), de Musique, de l'Opéra (1669), d'Architecture (1671). Il fait construire

Versailles, où il engage les meilleurs artistes de l'époque, dont les architectes Louis Le Vau (1612-1670) et Jules Hardouin-Mansart (1646-1708), les sculpteurs François Girardon (1628-1715) et Antoine Coysevox (1640-1720), le peintre Charles Le Brun (1619-1690), le jardinier André Le Nôtre (1613-1700)… L'immense palais devient un modèle à partir duquel le prestige de la culture classique française se répand à travers toute l'Europe. Véritable microcosme, il est aussi un outil politique permettant au roi de contrôler sa cour : pour beaucoup de familles nobles, vivre à Versailles constitue une nécessité absolue car, en dépit des dépenses que cela suppose et la coupure des racines provinciales, c'est le lieu qui seul permet l'obtention de charges et de pensions.
Louis XIV mourra de la gangrène en septembre 1715, après avoir régné soixante-douze ans dont trente consacrés à la guerre. Au cours de ce règne, le plus long de l'histoire nationale, il a étendu son pouvoir sur le plus grand et le plus puissant royaume de toute l'Europe, a imposé un mode de gouvernement absolu et centralisé sans précédent. Ses enfants et petits-enfants étant morts avant lui, il laisse le trône à son arrière-petit-fils âgé de 5 ans, Louis XV.

Epouses :

Marie-Thérèse d'Autriche

(Madrid 1638 - Versailles 1683)
Fille de Philippe IV, roi d'Espagne, et d'Elisabeth de France (sœur de Louis XIII), elle épouse Louis XIV en

1660. Ce mariage est inspiré par la raison d'État : négocié en même temps que le traité des Pyrénées (7 novembre 1659) par la reine mère Anne d'Autriche et Philippe IV, il devait mettre un terme à la guerre de Trente Ans. L'éducation stricte que Marie-Thérèse a reçue à la cour d'Espagne, le mauvais français qu'elle parle, sa timidité ne lui attirent guère de sympathies à la Cour. Elle y mènera la plupart du temps une vie d'autant plus effacée que dès son mariage, le roi se montrera volage et ne dissimulera guère les liaisons qu'il entretient avec ses maîtresses, comme la marquise de Montespan (1640-1707), la duchesse de La Vallière (1644-1667) et la marquise de Maintenon (1635-1719)...

Reine de France de 1660 à 1683, Marie-Thérèse d'Autriche donne naissance à six enfants : Louis, Grand Dauphin (1661-1711), Anne-Elisabeth (1662-1662), Marie-Anne (1664-1690), Marie-Thérèse (1667-1672), Philippe, duc d'Anjou (1668-1671), Louis-François, duc d'Anjou (1672-1672).

Françoise d'Aubigné, marquise de Maintenon

(Niort 1635 - Saint-Cyr 1719)

Petite-fille de l'écrivain calviniste Agrippa d'Aubigné (1552-1630), elle est née en prison où son père Constant d'Aubigné, soupçonné d'intelligence avec l'Angleterre, était enfermé par lettre de cachet. Après avoir passé son enfance à la Martinique, elle rentre en France en 1647. Orpheline, elle sera placée chez les Ursulines de Niort puis à Paris. Elle épousera Paul

Scarron (1610-1660) en 1652 et tiendra un salon littéraire brillant. Elle deviendra en 1669 la préceptrice des enfants royaux de Madame de Montespan (1640-1707) puis, veuve en 1660, maîtresse de Louis XIV en 1674, qu'elle épousera secrètement, vraisemblablement en 1684. Elle fondera en 1686 la maison d'éducation de Saint-Cyr pour deux cent cinquante jeunes filles nobles sans ressources, où elle se retirera après la mort de Louis XIV en 1715.

> 1715
Louis XV le Bien-Aimé

(Versailles 15-2-1710 - Versailles 10-5-1774)
Troisième fils de Louis de Bourgogne et de Marie-Adélaïde de Savoie, il succède à son arrière-grand-père Louis XIV à l'âge de 5 ans et sera sacré à Reims en 1722.
On reconnaît six grandes périodes tout au long de son règne :
— de 1715 à 1726 : la régence est d'abord assurée par le duc Philippe d'Orléans (1674-1723) puis, à sa mort en 1723, malgré la majorité du roi, par le duc de Bourbon Louis-Henri de Condé (1692-1740). La France rompt 1719 avec l'Espagne, dont le roi Philippe V, petit-fils de Louis XIV, est convaincu de sa légitimité à exercer la régence. Devant la Triple Alliance réunissant la France, l'Angleterre et les Provinces-Unies ultérieurement rejointes par l'Autriche, Philippe V renoncera à ses prétentions au trône de France en 1721. Sa fille, l'Infante, âgée de 5 ans, est alors fiancée à

Louis XV.

Photo Hervé Champollion.

Louis XV mais elle sera renvoyée par le duc de Bourbon en 1724, car elle était trop jeune pour donner rapidement une descendance au roi (or, si le roi mourait sans héritier, le trône devait aller au fils du Régent, le duc d'Orléans).

Cette période connaît la désastreuse expérience du banquier John Law (1671-1729), financier écossais installé à Paris, protégé par le Régent, et qui crée la Banque générale à laquelle s'associe l'État en 1716. La faillite de cette banque en 1720 déstabilisera l'économie du royaume et ruinera de nombreuses personnes.

Sous la régence de Philippe d'Orléans, un redressement économique du royaume s'amorce. Tandis que la condition paysanne s'améliore, d'importants travaux d'aménagement sont menés sur le territoire (canaux, ports, routes) et favorisent l'émergence d'une classe nouvelle d'entrepreneurs. A la mort du duc d'Orléans (1723), le duc de Bourbon lui succède à la régence mais il sera écarté par Louis XV en 1726 ;

— de 1726 à 1743 : l'ancien précepteur du roi, le cardinal Fleury (1653-1743), gère le royaume, qui pendant dix-sept ans va connaître une certaine prospérité. Il a confié l'économie intérieure à Philibert Orry (1689-1747), contrôleur général des Finances. Le cours des monnaies est stabilisé et le budget, en déficit depuis 1642, est équilibré en 1738. La situation paysanne continue de s'améliorer et le commerce prospère à l'intérieur comme à l'extérieur des frontières, bénéficiant d'une politique douanière protectionniste. Le roi soutient son beau-père Stanislas Leczinsky (1677-1766) lors de la guerre de Succession de Pologne (1733-1738) mais ce dernier doit renoncer au trône polonais (traité de Vienne de 1738) : il reçoit en contrepartie la Lorraine, celle-ci devant devenir française à sa mort. En 1743, le cardinal de Fleury meurt à l'âge de 90 ans et Louis XV déclare alors qu'il gouvernera seul, sans Premier ministre, seulement assisté du Conseil d'en haut ;

— de 1740 à 1748 : guerre de Succession d'Autriche. Auguste III de Saxe, Charles-Albert de Bavière, Philippe V, roi d'Espagne, Frédéric II, roi de Prusse, convoitent l'Empire des Habsbourg à la mort de l'empereur Charles VI. Une coalition oppose alors l'Autriche-Hongrie alliée à l'Angleterre, la Hollande et la Russie à la Prusse, alliée à la France, l'Espagne, la Sardaigne, la Bavière. Charles-Albert est finalement élu empereur en 1742, couronné sous le nom de Charles VII Albert ;

— de 1748 à 1763 : guerre de Sept Ans (1756-1763) aboutissant au traité de Paris (10 février 1763) signé entre la France, l'Espagne, l'Angleterre. Durant ce conflit, la France voit sa flotte détruite, ses finances ravagées. Elle perd aussi ses colonies : l'Inde (exceptés les comptoirs de Chandernagor, Karikal, Pondichéry, Mahé et Yanahon), le Canada (exception faite de Saint-Pierre-et-Miquelon), l'Ohio, la Louisiane, le Sénégal, les Antilles (exception faite de Saint-Domingue, la Martinique, la Guadeloupe) tandis que l'Angleterre conforte sa supériorité maritime et commerciale ;

— de 1763 à 1770 : Etienne François, duc de Choiseul (1719-1785), tente de relever le royaume : il rénove la marine, dont la guerre de Sept Ans n'avait que trop démontré les faiblesses, renforce l'alliance franco-autrichienne par le mariage du dauphin, futur Louis XVI, avec Marie-Antoinette d'Autriche en 1770. La Lorraine est annexée à la mort de Stanislas Leczinsky en 1766 et la république de Gênes cède la Corse, convoitée par les Anglais pour le contrôle du littoral, à la France (traité de Compiègne le 15 mai 1768) ;
— de 1770 à 1774 : la forte popularité de Louis XV « *le Bien-Aimé* » quand il accède au trône décline dans l'opinion publique, qui lui reproche d'être dominé par ses maîtresses : Jeanne-Antoinette Poisson, marquise de Pompadour (1721-1764), Jeanne Bécu, comtesse Du Barry (1743-1793)... Choiseul tombe en disgrâce en raison de sa politique étrangère que condamnent ses rivaux, le chancelier René Nicolas de Maupéou (1714-1792) et l'abbé Joseph Marie Terray (1715-1778), contrôleur général, de son hostilité envers la comtesse Du Barry, et surtout de sa complaisance envers les rébellions parlementaires. Le Trésor est gaspillé, asséché par les pensions versées aux nobles séjournant à la Cour. Les impôts levés pour l'alimenter saignent les paysans, tandis que le roi, vivant à Versailles, se coupe de la population et des réalités. Et l'institution monarchique se déconsidère, se dirigeant sans en avoir conscience vers sa ruine.

Epouse :

Marie Leczinska

(Breslau 1703 - Versailles 1768)

Fille unique de Stanislas Leczinsky Ier, roi de Pologne puis duc de Lorraine, et de Catherine Opalinska, elle épouse Louis XV en 1725. Reine de France de 1725 à 1768, elle donne naissance à dix enfants : les jumelles Elisabeth (1727-1759) et Henriette (1727-1752), Marie-Louise (1728-1733), le dauphin Louis (1729-1765), Philippe, duc d'Anjou (1730-1733), Marie-Adélaïde (1732-1800), Victoire (1733-1799), Sophie (1734-1782), Thérèse (1736-1744), Louise-Marie (1737-1787).

> 1774

Louis XVI

(Versailles 23-8-1754 - Paris 21-1-1793)

Fils du dauphin Louis et de Marie-Josèphe de Saxe, petit-fils de Louis XV et de Marie Leczinska, duc de Berry, il est sacré à Reims en 1775.

Dès qu'il monte sur le trône, le roi met fin à la disgrâce de Choiseul (1719-1785), exilé depuis 1770, mais ne le reprend pas comme ministre. Il renvoie d'ailleurs tous les ministres, impopulaires, de son grand-père Louis XV et choisit comme conseiller Jean Frédéric Phélypeaux, comte de Maurepas (1701-1781). Jusqu'à sa mort en 1781, sans en porter le titre, Maurepas restera son principal ministre.

Louis XVI ne peut imposer les réformes que lui suggèrent les plus compétents de ses ministres, dont Chrétien

Louis XVI.
Château de Versailles. Photo RMN

Guillaume de Lamoignon de Malesherbes (1721-1794) qui démissionne en 1776, Anne Robert Jacques Turgot (1727-1781) qui est renvoyé la même année et Jacques Necker (1732-1804) qui lui aussi démissionne en 1781… Son règne est perturbé par des crises économiques et sociales : rébellions antiseigneuriales (1788, 1789) ; « *troubles de subsistance* » ou « *guerres des farines* », émeutes dues à la vie chère et plus particulièrement au prix élevé de la farine et du pain (1775, 1784-1785, 1788-1789) ; sécheresse suivie d'un hiver rigoureux, néfastes aux populations rurales (1788) ; résistance à la politique royale du Parlement, qui exige de vérifier les comptes royaux ; opposition des Grands…

Ces crises sont aggravées par la guerre d'Indépendance américaine (1775-1783). Louis XVI avait en effet décidé d'apporter son soutien aux insurgés de treize colonies anglaises d'Amérique du Nord, en conflit avec la Couronne d'Angleterre pour revendiquer leur indépendance. L'expédition française en Amérique, durant laquelle s'illustrent les Français Marie Joseph Gilbert Motier, marquis de La Fayette (1757-1834) et Jean-Baptiste de Vimeur, comte de Rochambeau (1725-1807), s'avère coûteuse pour le budget de l'État. Mais elle restaure le prestige de la France à l'étranger et surtout, elle efface les conséquences désastreuses du traité de Paris (1763) imposant à Louis XV de céder à l'Angleterre tous ses territoires nord-américains. Le traité de Versailles (3 septembre 1783) met fin à la confrontation et reconnaît l'indé-

pendance des colonies qui prennent alors le nom d'États-Unis d'Amérique.
En Europe, le royaume, en conflit avec la plupart des nations, est menacé et la patrie déclarée « *en danger* ». Le gouvernement est contraint à ouvrir des États généraux le 5 mai 1789, à Versailles : mal conseillé, influencé par la reine, Louis XVI conduit la monarchie à sa chute. Et les événements vont s'enchaîner, précipitant la fin de l'Ancien Régime : 9 juillet 1789, l'Assemblée nationale constituante est créée ; le 14 juillet 1789, la Bastille est prise ; le 4 août 1789, les privilèges sont abolis et les droits féodaux supprimés ; le 23 août 1789, la Déclaration des droits de l'homme et du citoyen est adoptée par l'Assemblée ; le 22 juin 1791, le roi, la reine, le dauphin et quelques-uns de leurs proches en fuite vers l'Autriche, patrie de Marie-Antoinette, sont arrêtés à Varennes-en-Argonne ; le 9 février 1792, les biens appartenant aux nobles ayant émigré sont confisqués au profit de la nation ; le 10 août 1792, le château des Tuileries est pris...
Incarcéré au Temple avec sa famille, Louis XVI est condamné à mort, après un vote contesté, à une faible majorité (361 voix pour, 360 contre). Il montera sur l'échafaud dressé place de la Révolution (actuelle place de la Concorde) où il sera exécuté par le bourreau Charles-Henri Sanson (1740-1806) le 21 janvier 1793. Cette exécution entraînera en France de terribles affrontements opposant royalistes et catholiques aux républicains : ce sont les guerres de Vendée (1793-1794, 1795-1796, 1799-1800) et les guerres

des Chouans (1793-1796, 1799-1800). Au-delà des frontières, les monarchies européennes, qui se sentent menacées par les idées révolutionnaires, forment une forte coalition contre la France (guerres extérieures ou « *guerre de la première coalition* » en 1792-1797 et « *guerre de la seconde coalition* » en 1798-1801).

Epouse :

Marie-Antoinette d'Autriche (ou de Lorraine)

(Vienne 1755 - Paris 1793)

Quatrième fille de François Ier, empereur d'Autriche, et de Marie-Thérèse d'Autriche, reine de Hongrie, elle épouse Louis XVI en 1770 et donne naissance à Marie-Thérèse-Charlotte (1778-1851), Louis-Joseph Xavier François (1781-1789), Louis XVII, duc de Normandie et dauphin de France (1785-1795), Sophie Hélène Béatrix (1786-1787).

Princesse royale de Hongrie et de Bohême, archiduchesse d'Autriche, elle est reine de France de 1774 à 1792. Son goût pour le luxe et son train de vie, sa frivolité et les faveurs dont elle couvre son entourage la rendent vite impopulaire. Enfermée au Temple avec le roi et ses enfants après la prise des Tuileries le 10 août 1792, puis transférée seule en 1793 à la Conciergerie, elle est accusée de haute trahison. Elle est alors condamnée à mort et sera guillotinée place de la Révolution à Paris, le 16 octobre 1793, par Henri Sanson (1767-1840), le fils de Charles-Henri Sanson, qui avait guillotiné Louis XVI.

> 1814
Louis XVIII le Désiré

(Versailles 17-11-1755 - Paris 16-9-1824)
Il est le troisième fils du dauphin Louis et de Marie-Josèphe de Saxe et donc frère de Louis XVI. Alors que ce dernier tente de s'enfuir à l'étranger avec sa famille et qu'il échoue à Varennes (22 juin 1791), Louis le Désiré se réfugie en 1791 en Belgique et à Coblence, puis en Italie, en Allemagne, en Pologne, en Russie et en Angleterre. Au cours de ce périple, durant lequel il se fait appeler comte de L'Isle, du nom de son comté de L'Isle-Jourdain, en Armagnac, il tente de mobiliser les souverains européens contre les révolutionnaires.
La mort de son neveu Louis XVII (fils de Louis XVI) en 1795, à la prison du Temple et dans des circonstances obscures qui favoriseront par la suite l'apparition de nombreux imposteurs se prétendant dauphin, lui permet la même année de se proclamer roi de France sous le nom de Louis XVIII. Il rédige alors un manifeste (déclaration de Véronne) marquant son intransigeance et promettant le retour à l'Ancien Régime. Aussi sera-t-il expulsé par le Directoire en 1796 pour revenir sur le trône de France à la suite des armées coalisées victorieuses de Napoléon (1769-1821) qui a abdiqué en 1814 : ce retour est d'ailleurs favorablement accueilli par une grande partie de la population qui, outre la fin de la dictature impériale, espère un retour durable à la paix avec les nations européennes.
Il doit cependant se résigner au régime constitutionnel de la charte qui confirme les acquis de la Révolution

et, renforçant le parlementarisme, vise à instaurer une pratique libérale du pouvoir. Cependant, il se heurte à un entourage réactionnaire : l'intransigeance des ultra-royalistes favorise dans la population une certaine nostalgie pour les idées révolutionnaires et l'Empire. En 1815, le Conseil d'État annule l'abdication de Napoléon et le relève de sa déchéance : ce sont les « *Cent-Jours* » (20 mars au 22 juin 1815), qui contraignent Louis XVIII à se réfugier à Gand.

Durant son exil, les royalistes s'appliquent à créer un courant favorable à son retour : il remontera sur le trône à la suite de la défaite de Bonaparte à Waterloo (18 juin 1815) et déclarera vouloir appliquer la charte. Mais en 1816, les députés ultra-royalistes de la « *Chambre introuvable* » déclenchent « *la terreur blanche* » à l'encontre des anciens partisans de Bonaparte et de la Révolution : cette Chambre sera dissoute et les libéraux pourront librement mettre leur politique en œuvre. La bourgeoisie et les classes moyennes gagnent en importance sur le plan politique. Des lois sont votées, libéralisant la presse... Mais, en 1820, l'assassinat du duc de Berry entraîne un départ des libéraux et un retour au pouvoir des Ultras, menés par le duc Charles d'Angoulême, frère du roi. Hydropique, Louis XVIII mourra sans postérité, à Paris, le 16 septembre 1824, les deux jambes gangrenées.

Epouse :

Louise de Savoie

(Turin 1753 - Hartwell 1810)

Fille de Victor-Amédée III, roi de Sardaigne, elle épouse Louis XVIII en 1771.

> 1824
Charles X

(Versailles 9-10-1757 - Goritz en Yougoslavie 6-11-1836)

Dernier fils du dauphin et de Marie-Josèphe de Saxe, petit-fils de Louis XV, frère de Louis XVI et de Louis XVIII, comte d'Artois, duc d'Angoulême, de Berry, d'Auvergne et de Châteauroux, il est le chef des Ultras qui prônent le retour à l'Ancien Régime et développent l'opposition à la Révolution dans les Cours européennes. Emigré dès 1789, devenu roi à la mort de son frère Louis XVIII, il est sacré à Reims en 1825. D'abord populaire, il se montrera maladroit sur le plan politique : attaché à une conception trop passéiste de la royauté, il ne parvient pas à s'adapter aux ambitions d'une bourgeoisie montante, aux convictions libérales. Au contraire, il est attaché à une politique particulièrement réactionnaire, adopte le 28 avril 1825 la loi dite du « *milliard des émigrés* », qui consacre un milliard de francs pour indemniser les nobles dont la plupart avaient fui à l'étranger pendant la Révolution et dont les biens avaient été vendus. Et surtout, il signe le 25 juillet 1830 quatre ordonnances dissolvant la Chambre à majorité libérale, modifiant la charte, supprimant la liberté de la presse, réformant les lois électorales au profit des grands propriétaires et fixant de nouvelles élections pour la Chambre. Cette violation de la charte

Charles X.
Palais du Tau à Reims.
Photo Hervé Champollion.

déclenche aussitôt dans la capitale l'émeute dite des « *Trois Glorieuses* » (27, 28, 29 juillet). Le Louvre et les Tuileries tombent, et les révoltés se rendent maîtres de Paris. Charles X abdique le 2 août 1830 à Rambouillet, en faveur de son fils Louis-Antoine d'Artois, duc d'Angoulême (1775-1844), qui lui-même renonce à la couronne en faveur de son neveu Henri d'Artois, duc de Bordeaux (1820-1883). Ce dernier, surnommé l'« *enfant du miracle* » car il était le fils posthume du duc de Berry, ne régnera pas sous le nom d'Henri V : son refus d'adopter le drapeau tricolore comme emblème de la France afin de rester fidèle au drapeau blanc de sa Maison, son refus également du projet de Constitution orléaniste libérale, feront définitivement échouer, en 1873, les projets de restauration d'une monarchie alors sur le point d'aboutir.
Après son abdication, Charles X quitte la France, sous le nom de comte de Ponthieu ou marquis de Maisons, pour un exil qui le conduira à Turin, Bruxelles, Coblence, Liège et Hamm. Il finira ses jours à Prague.

Epouse :
Marie-Thérèse de Savoie
(Turin 1756 - Gratz 1805)
Fille de Victor-Amédée III, roi de Sardaigne, elle épouse Charles X en 1773 et donne naissance à Louis-Antoine de Bourbon, duc d'Angoulême (1775-1844), Mademoiselle (1776-1783), Charles-Ferdinand, duc de Berry (1778-1820), Mademoiselle d'Angoulême (1783-1783).

> 1830

Louis-Philippe Ier

(Paris 6-10-1773 - Claremont 26-8-1850)

Fils aîné du duc d'Orléans Louis-Philippe dit « *Egalité* » (il avait voté la mort de son cousin Louis XVI) et de Louise-Marie de Bourbon-Penthièvre, il est duc de Valois, de Chartres, d'Orléans. Il opte pour le parti de la Révolution en entrant au club des Jacobins dès 1790, devient maréchal de camp et lieutenant général en 1792 et participe aux batailles de Valmy et de Jemmapes. Passé aux Autrichiens, il refuse cependant de prendre les armes contre la France et déserte en 1793. Après un voyage qui le conduit en Suisse, Hollande, Scandinavie, Italie, Etats-Unis, Angleterre, il rentre à Paris en 1814.

Poussé sur le trône par La Fayette (1757-1834) et le banquier Laffitte (1767-1844), il est nommé roi par une forte majorité de la Chambre des députés le 9 août 1830 : il adhère alors au drapeau tricolore et accepte la charte rénovée. Celle-ci rétablit la liberté de la presse, abolit la censure, reconnaît à la Chambre l'initiative des lois, supprime les justices exceptionnelles et ne fait plus du catholicisme la religion d'État.

Louis-Philippe affrontera les tentatives insurrectionnelles des légitimistes (1832-1833) et des républicains (1832 et 1834), tandis que le bonapartisme, encore bien implanté dans le peuple, reste une menace. En 1840, il confie le pouvoir à François Guizot (1787-1874), qui pendant sept ans sera le maître du pays. Instaurant une politique précaire et d'immobilisme, ne réalisant

Louis-Philippe.

Château de Versailles. Photo RMN.

pas les réformes demandées par le peuple (dont le suffrage universel), le roi s'oriente vers un exercice du pouvoir réactionnaire et absolutiste, qui soulève un profond mécontentement à l'origine de l'insurrection de 1848. Le 22 février 1848, les émeutes éclatent en effet dans la capitale, des barricades sont dressées, c'est une véritable révolution, que Thomas Bugeaud (1784-1849) ne parvient pas à réprimer. Louis-Philippe abdiquera le 24 février 1848, en faveur de son petit-fils le comte de Paris, tandis que les émeutiers nomment un nouveau gouvernement, comprenant entre autres Alexandre Ledru-Rollin (1807-1874), Alphonse de Lamartine (1790-1869), François Arago (1786-1853)... Louis-Philippe prend alors le titre de comte de Neuilly (du nom de son château parisien, pillé et incendié en 1848) et se réfugie en Angleterre, à Claremont où il mourra en 1850, dans la résidence que la reine Victoria avait mise à sa disposition.
Le règne de Louis-Philippe est marqué par l'éclosion de la révolution industrielle qui avance au rythme de plus en plus rapide de la mécanisation et du machinisme, du chemin de fer, de l'industrie sidérurgique et de l'extraction du charbon, des cultures intensives...

Marie-Amélie de Bourbon-Siciles

(Caserte 1782 - Claremont 1866)
Fille de Ferdinand Ier, roi des Deux-Siciles et nièce de Marie-Antoinette, elle épouse Louis-Philippe Ier en 1809. Reine de France de 1830 à 1848, elle donne naissance à Ferdinand-Philippe, duc de Chartres et

d'Orléans (1810-1842), Louise (1812-1850), Marie (1813-1839), Louis, duc de Nemours (1814-1896), Françoise (1816-1818), Clémentine (1817-1907), François Ferdinand, prince de Joinville (1818-1900), Charles-Ferdinand, duc de Penthièvre (1820-1828), Henri-Eugène, duc d'Aumale (1822-1897), Antoine, duc de Montpensier (1824-1890).

Conclusion

C'est donc avec Louis-Philippe en 1848 que s'achèvent en France les régimes monarchiques. On peut, même si ce n'est pas l'objet de cet ouvrage, s'interroger rapidement sur les causes de ce changement de gouvernement et de destin de notre pays. Ce sont des raisons profondes et multiples, nées de l'Histoire et des circonstances du moment, qui vont engendrer cette mutation. Les difficultés financières, quasi constantes à partir du milieu du XVIIe siècle et qui exaspèrent la population, l'intransigeance réactionnaire de la noblesse qui voit ses privilèges et ses prérogatives menacés, l'émergence d'une bourgeoisie qui aspire à un statut social plus élevé, l'évolution des mentalités et une meilleure circulation des idées, l'espérance en des jours meilleurs liée à l'Histoire et aux mythes de la Révolution de 1789, les tentatives de Louis XVIII, Charles X et même de Louis-Philippe vieillissant de revenir à un passé rejeté ont engendré des mouvements populaires réprimés trop violemment. Et cette répression, au lieu d'étouffer les émeutes, vit le triomphe des émeutiers et de leurs chefs, et l'avènement de la république qui mit fin au temps des rois et reines de France.

Pourtant, même s'ils ne président plus aux destinées de notre pays, même si la république s'est définitivement enracinée dans nos mœurs politiques, la royauté a durablement marqué notre Histoire et reste très présente dans notre mémoire collective. Certaines de nos institutions en conservent toujours le souvenir et, plus encore, notre patrimoine monumental, qui attestent de la continuité d'une Histoire à laquelle, pendant près de neuf siècles, les rois de France ont su donner une cohérence.

Bibliographie

Charlemagne, Jean Favier (Fayard, 1999).
Charlemagne, fondateur de l'Europe, Yvan Gobry (Rocher, 1999).
Charlemagne, Georges Bordonove (Pygmalion, 1997).
Charles V, Georges Bordonove (Pygmalion, 1985).
Charles V, Jeannine Quillet (Perrin, 2002).
Charles VI, Françoise Autrand (Fayard, 1998).
Charles VII, la reconquête de la France, Yvan Gobry (Tallandier, 2001).
Charles VII, Georges Bordonove (Pygmalion, 1997).
Charles VII, Philippe Erlanger (Perrin, 2001).
Charles VIII et le mirage italien, Yvan Cloulas (Albin Michel, 1986).
Charles VIII, Yvonne Labande-Mailfert (Fayard, 1986).
Charles X, Georges Bordonove (Pygmalion, 1990).
Clovis, Georges Bordonove (Pygmalion, 1997).
Clovis, un roi européen, Béatrice Chevallier (Brepols, 1996).
François Ier, Georges Bordonove (Pygmalion, 1997).
François Ier, Charles Terrasse, 3 vol. (Grasset, 1943, 1948,1970).
François Ier, Jean Jacquard (Fayard, 1981).
François Ier ou le rêve italien, Jack Lang (Perrin, 1999).
Henri II, Yvan Cloulas (Fayard, 1985).

Henri II, Georges Bordonove (Pygmalion, 1997).
Henri III, Jean-François Solnon (Perrin, 2001).
Henri III, Pierre Chevallier (Fayard, 1985).
Henri III, Georges Bordonove (Pygmalion, 1988).
Henri IV, Georges Bordonove (Pygmalion, 1999).
Henri IV, Jean-Pierre Babelon (Fayard, 1982).
Henri IV, André Castelot (Perrin, 2000).
Hugues Capet, Yves Sassier (Fayard, 1987).
Hugues Capet, Georges Bordonove (Pygmalion, 1997).
Jean II le Bon, Georges Bordonove (Pygmalion, 2000).
Le chevalier Françoys, Wladimir Porché (Flammarion, 1970).
Louis Ier, Yvan Gobry (Pygmalion, 2002).
Louis VII, Yvan Gobry (Pygmalion, 2002).
Louis VII, Yves Sassier (Fayard, 1991).
Louis XI, Jacques Heers (Perrin, 1999).
Louis XI, Paul Murray Kendall (Fayard, 1974).
Louis XI, Georges Bordonove (Pygmalion, 1986).
Louis XI, Jean Favier (Fayard, 2001).
Louis XII, Bernard Quilliet (Fayard, 1998).
Louis XII, Didier Le Fur (Perrin, 2001).
Louis XII, Georges Bordonove (Pygmalion, 2000).
Louis XIII, Pierre Chevallier (Fayard, 1998).
Louis XIII, Georges Bordonove (Pygmalion, 1997).
Louis XIV, Georges Bordonove (Pygmalion, 1997).

Louis XIV, Philippe Beaussant (Payot, 1999).
Louis XIV, Michel de Grèce (Olivier Orban, 1979).
Louis XIV, François Bluche (Fayard, 1986).
Louis XIV, Pierre Gaxotte (Flammarion, 1974).
Louis XIV, Jean-Christian Petitfils (Perrin, 1995).
Louis XV, François Bluche (Perrin, 2000).
Louis XV, Maurice Lever (Payot, 2001).
Louis XV, Michel Antoine (Fayard, 1999).
Louis XV, Georges Bordonove (Pygmalion, 1997).
Louis XVI, Georges Bordonove (Pygmalion, 1997).
Louis XVI, Evelyne Lever (Fayard, 1988).
Louis XVII et l'énigme du Temple, Georges Bordonove (Pygmalion, 1997).
Louis XVIII, Georges Bordonove (Pygmalion, 1997).
Louis XVIII, Philip Mansel (Fayard, 1982).
Louis-Philippe, Georges Bordonove (Pygmalion, 1997).
Louis-Philippe, Guy Antonetti (Fayard, 1994).
Pépin le Bref, Yvan Gobry (Pygmalion, 2001).
Philippe Auguste, Georges Bordonove (Le Grand Livre du Mois, 1984).
Philippe le Bel, Jean Favier (Fayard, 1978).
Philippe le Bel, Georges Bordonove (Pygmalion, 1984).
Saint Louis, Jean-Pierre Richard (Fayard, 1998).
Saint Louis, Georges Bordonove (Pygmalion, 1997).

Index

Rois

C

D

E

F

H

J

L

M

P

R

T

Epouses royales et reines

A

B

C

D

E

F

G

H

I

J

L

M

V

En première de couverture : **Saint Louis.**
Palais de Justice à Paris. Photo Hervé Champollion.

Éditeur : Bertrand Hervo
Coordination éditoriale : Caroline Brou
Mise en page : Marcel Oger,
Studio des Éditions Ouest-France
Cartographie : Patrick Mérienne
Photogravure : Scann'Ouest, Rennes (35)
Impression : Imprimerie Pollina à Luçon (85) - N° L89466

Édilarge SA, Rennes
ISBN 2 7373 3230 3
N° d'éditeur 4514.01.09.04.03
Dépôt légal : avril 2003
Imprimé en France